**예배**에 대한
중요한 **핵심**
12가지 **질문**

## 예배에 대한
## 중요한 핵심 12가지 질문
How Shall We Worship?

| | |
|---|---|
| 초 판 | 1쇄 발행 2017년 4월 1일 |
| 지은이 | 마르바 던(Marva J. Dawn) |
| 번 역 | 정종원 |
| | |
| 펴낸이 | 가진수 |
| 펴낸곳 | 도서출판 워십리더 |
| 발행처 | ㈜글로벌워십미니스트리 |
| 대표전화 | 070) 4632-0660 |
| 팩 스 | 070) 4325-6181 |
| 출판등록 | 2012년 5월 21일, 제 387-2012-000036호 |
| 이 메 일 | wlm@worshipleader.kr |
| 홈페이지 | www.worshipleader.kr |
| 판권소유 | ⓒ도서출판 워십리더 2017 |
| 책 값 | 14,000원 |

ISBN 979-11-958703-1-8  03230

"도서출판 워십리더는 교회와 예배의 회복과 부흥을 위해 세워졌습니다.
예배전문 출판사로서 세계의 다양한 예배의 컨텐츠를 담아 문서선교의 사명을 감당할 것입니다.
한국교회의 목회자, 워십리더, 예배세션뿐만 아니라 모든 크리스천들이
하나님의 임재를 경험할 수 있도록 열정을 다하고 있습니다."

「이 책의 모든 내용은 출간 저작권 보호를 받으므로 무단전재와 복제를 할 수 없습니다.」 (Printed in Korea)

「이 도서의 국립중앙도서관 출판예정도서목록(CIP)은 서지정보유통지원시스템 홈페이지(http://seoji.nl.go.kr)와
국가자료공동목록시스템(http://www.nl.go.kr/kolisnet)에서 이용하실 수 있습니다.
(CIP제어번호: CIP2016028540)」

# 예배에 대한 중요한 핵심 12가지 질문

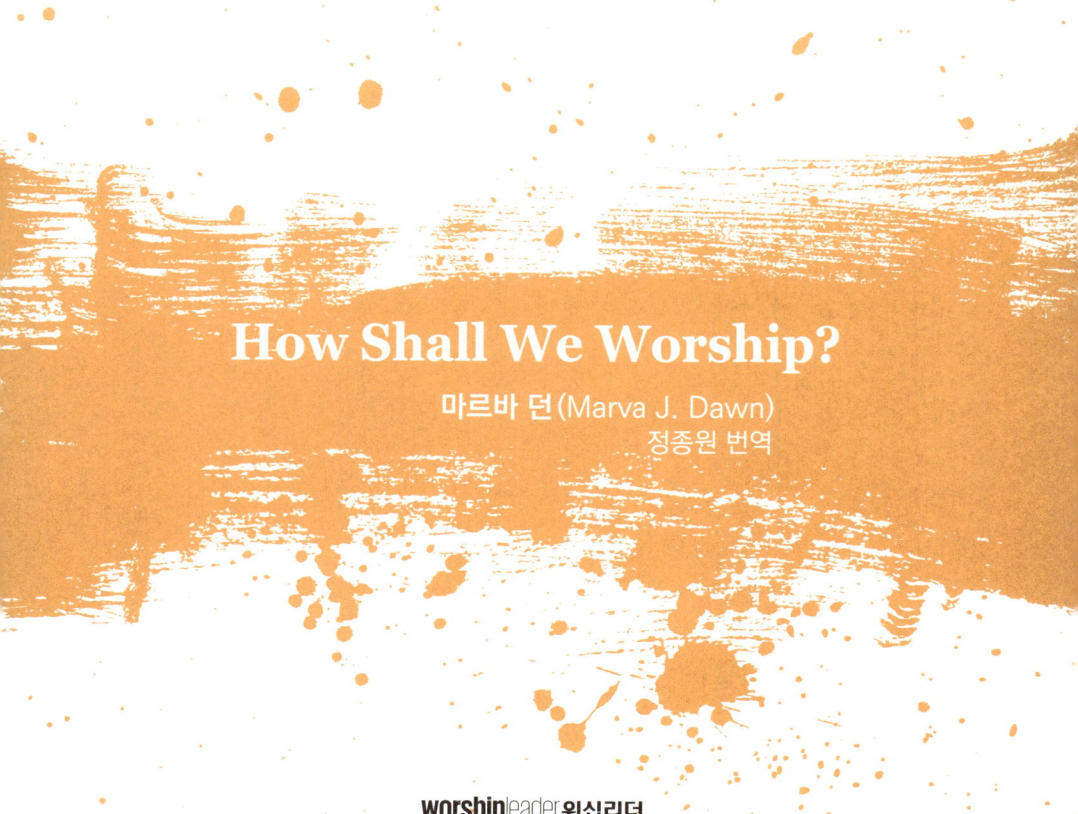

How Shall We Worship?

마르바 던(Marva J. Dawn)
정종원 번역

worship leader 워십리더

## 차 례

**역자의 글** ······ 6

**서론** ······ 8

**Question 01** 어떤 종류의 음악을 사용해야 하는가? ······ 19

> 반대: 분리
> 최근 심화된 분리
> "혼합된" 또는 "수렴된" 것이 아닌 전체 교회에 대한 감각

**Question 02** 누가 예배를 받고 있는가? ······ 37

**Question 03** 어떻게 하나님을 예배하는가? ······ 45

> 하나님의 이름을 더 많이 축복하기 위한 수단으로서
> 교회력(The Church Year)

**Question 04** 무엇이 진정한 예배의 결실인가? ······ 57

**Question 05** 어떤 우상들이 참되신 하나님을 예배하지 못하게 하는가? ······ 67

> 저항과 면역
> 예배 우상들
> 하나님은 다른 모든 신들을 이기셨다

**Question 06** 하나님의 창조물은 예배에 관하여 무엇을 말하는가? ······ 79

| Question 07 | 우리가 예배하는 하나님은 정말 크신 분인가? | ..... 87 |

변증법적인 모순(Dialectical Opposites)
음악에 나타나는 변증방식(Musical Dialectics)

| Question 08 | 교회는 어떠한 방식으로 하나님께 영광을 돌려왔는가? | ..... 113 |

교회의 예배발전
교회 예배의 일반적인 양식

| Question 09 | 참된 예배는 어떻게 우리의 성품을 변화시키는가? | ..... 131 |

거룩한 광채 또는 거룩한 예복
예배가 주는 놀라운 특권

| Question 10 | 하나님의 다스리심은 예배와 복음전도에 어떤 영향을 주는가? | ..... 151 |

| Question 11 | 창조세계는 우리에게 어떠한 찬양을 가르치는가? | ..... 161 |

| Question 12 | 예배는 어떻게 미래를 품고 오늘을 살게 하는가? | ..... 171 |

왜 종말론적인 지향이 예배와 삶에 필수적인가
어떻게 하면 좀 더 종말론적 예배를 드릴 수 있을까
종말론적 예배가 어떻게 세상을 위하여 개인과 전체를 변화시킬 수 있을까

**토의할 질문들** ..... 190

**미주** ..... 200

**참고도서** ..... 206

## 역자의 글

### "예배는 고양이를 묶는 것으로 시작한다…"

어느 선교사가 선교지에 부임하면서 자신이 키우던 고양이를 데리고 갔다. 선교사는 예배를 드릴 때마다 고양이를 강단에까지 데려 갈 수 없어서 언제나 교회 마당에 있는 나무에 고양이를 묶어 두고 예배를 인도했다. 세월이 흐르자 선교사는 건강 문제로 본국으로 급히 귀국하게 되었고 원주민들은 스스로 예배를 드려야 했다. 그리고 다시 그곳에 다른 선교사가 부임하게 되었다. 선교사는 원주민들과 드리는 예배에서 이상한 행동을 보고 놀랐다. 그들이 예배를 시작하기 전에 교회의 나무에 고양이를 묶어 두는 것을 본 것이다. 당황한 선교사는 원주민 지도자에게 물어 보았다. "왜 고양이를 묶어 두는 것입니까?" 그러자 원주민 지도자가 확신 있게 대답하는 것을 듣게 되었다. "예배는 고양이를 묶는 것으로 시작하는 것입니다. 예전에 선교사님도 그렇게 하셨습니다."

이 이야기는 그럴 듯하게 지어 낸 이야기 같지만 실제 우리의 모습일 수 있다. 예배는 어떻게 학습되는가? 우리는 예배를 어떻게 어디서 배울 수 있었는가? 예배는 예배의 현장에서 습득된다. 우리 스스로에게도 물어 보자. 예배 속에 있는 묵도에 대해서 궁금했던 적이 있었는가? 교독문의 목적이 무엇인지를 알고 싶어 했던 적이 있었는가? 설교 전에 순서를 갖는 찬양대의 노래가 왜 그 순서에 있어야 하는지 질문해 본 적이 있는가? 우리는 종교적인 진지한 분위기에 숙연해져 있었고 전통의 권위에 순응하는 것이 최선이었다.

분명한 사실은 우리가 하고 있는 행동이 과연 옳은 것인가를 구체적으로 물어 보기 전까지 과거가 우리의 것이 되어 버린다는 사실이다. 예배 속에서 고양이를 묶어 두는 것을 그들이 보고 있었기 때문에 답습할 수밖에 없었던 것처럼, 질문을 하지 않으면 과거가 지배하게 된다. 시작과 의미를 묻지 않으면 그냥 보고 있던 것들이 우리의 것이 되어 버린다. 어떤 경우에는 아무 이유가 없는 것임에도 그것이 중요하게 여겨지는 때도 있다. 우리는 이제 질문을 시작해야 한다. 질문이 지혜이다. 질문이 문제에서 벗어 날 수 있게 하는 길이다. 질문하지 않으면 과거가 우리를 속일 수 있다. 질문도 하지 않으면 무지한 것인 줄도 모른다.

'예배전쟁'이라는 용어가 세상에 나왔다. 예를 들어 예배자들이 부르는 노래 때문에 세대차와 취향의 갈등으로 어려움을 겪고 있는 교회들이 있다. 영성학자 마르바 던은 오늘날 여러 가지 이유로 예배의 갈등을 겪고 있는 교회들에게 마땅히 물었어야 할 가장 중요한 질문을 가르쳐 주고 있다. 질문만 제대로 할 수 있다면 무모한 싸움에서 해방될 수 있다. 건강한 공동체는 본질이 아닌 것을 가지고 시간을 낭비하지 않는다. 본질을 붙들기 위해 핵심을 질문할 수 있어야 문제에서 벗어 날 수 있다. 이 책은 시편 96편을 해부하면서 예배자들이 물어야 할 핵심질문을 던져 주고 예배의 바른 동기와 정신에 대해서 성찰하게 한다. 특별히 예배를 책임진 사람들에게 이 책에 나오는 질문들이 예배를 돌아보게 하는 좋은 자료가 되리라 믿는다.

# 서 론

나의 어린 시절을 떠올려보면 대부분의 행복했던 기억은 예배와 관련되어 있다. 아버지는 오르간 연주자이셨고 찬양대의 지휘자이셨기에 우리 가족은 회중들의 예배 속에 항상 함께 있었다.

우리 가족은 늘 예배에 대한 큰 기대를 갖고 있었다. 토요일 밤이면 목욕 후에 머리를 단정히 손질했었고, 주일 아침을 위해 항상 최선의 옷을 준비해 두었다. 성탄절이나 부활절 때는 대강절과 사순절을 준비하기 위하여 아버지가 작곡한 새로운 작품을 들을 수 있었다. 아버지는 오르간을 연습하고 매 주마다 찬양대의 리허설을 지도하면서 기뻐하셨다. 내가 결코 잊을 수 없는 전율의 순간이 있다. 그것은 아버지와 함께 연습했던 것을 연주한 것인데, 예배가 끝나는 부분에서 오르간의 마지막 페달을 내가 밟았을 때이다. 그리고 몇 년 후에, 아버지가 새로운 작품의 작사를 도와달라고 처음으로 내게 제안했던 순간의 기쁨도 잊을 수가 없다.

나의 기억 속의 예배는 늘 영광스러운 광경과 소리로 채워져 있다. 우리 교회 건물 안에는 정교하게 깎아서 만든 제단, 어느 곳에나 볼 수 있는 고대 기독교의 상징들, 성경에 담긴 전체의 이야기를 기억나게 해 주는 아름다운 스테인드글라스 창문이 있었다. 우리는 새로운 것 뿐 아니라 오래된 모든 종류의 음악을 노래했는데 가끔은 관악기와 혹은 플루트를 연주하는 여러 학생들과도 불렀다. 내가 어린 시절에 예배 안에서 보고 들었던 것은 나의 믿음을 세워주었고 모든 마음과 생각, 목소리와 삶으로 하나님을 찬양하고 싶은 황홀한 갈망을 갖게 해 주었다.

나는 예배를 사랑했다! 특별히 노래하는 것을 좋아했고 자주 찬송가를 암기했는데 그것은 루터란 학교에서 암기를 위한 과제의 한 부분이기도 했다. 어머니는 루터란 학교에서 비서였으며, 아버지는 교장이셨고 두 분은 내가 4학년과 8학년 때의 선생님이셨다. 내가 조간신문을 돌리던 때가 있었는데 그 때에 목청이 터지도록 노래를 부르며 다녀서인지 구독자들은 내 목소리 때문에 신문이 언제 도착하는지를 알 수 있을 정도였다.

나는 지금도 예배를 사랑한다. 수년간 찬양대와 포크(Folk) 팀에서 노래를 불렀다. 그리고 그들을 지도했으며 다양한 악기도 연주하고 좀 더 최근에는 예배를 위해 설교를 했다. 내가 대학 3학년이었을 때는 전 세계를 다니며 공연을 하는 합창단에도 참여했었다. 최근 몇 년 동안에는 여러 나라에서 가르쳤고 거기서 예배 안에 쓰일 수 있는 다양함과 부요함을 경험했다.

이렇게 값진 글로벌한 예배의 배경을 가진 세상에 살면서 너무나 많은 사람들이 예배에 관해 싸우면서 서로 깊게 상처를 주고받는 것을 보았다. 이런 불화들은 여러 가지 형태를 갖지만, 대부분 음악적인 스타일이나 서로 다른 취향에 대한 치열한 분쟁으로 불이 붙는다. 그래서 이러한 문제를 대처하기 위해서, 나는 사람들이 더 깊은 질문을 할 수 있도록 돕고, 논쟁의 뿌리 깊은 곳까지 들어가게 하며, 우리가 얻을 수 있을 만큼 최대한 하나님의 갈망에 대한 통찰을 성경에서 찾을 수 있게 하고 있다.

자, 그러면 몇 가지 질문을 해보자. 예를 들어, 예배란 무엇인가? 예배는 삼위 하나님의 무한한 은혜에 대한 우리의 기쁜 응답이라는 것을 깨달음으로 시작하자. 모든 삶은 예배이다. 우리가 감사함과 존경 안에서 살며, 하나님에 대한 참 마음과 그분을 섬기려는 열망을 가지고 산다면 그 모든 삶은 예배와 같다.

> 예배는 삼위 하나님의 무한한 은혜에 대한 우리의 기쁜 응답이라는 것을 깨달음으로 시작하자.

특정한 때에, 우리는 말과 노래 그리고 감사, 간구, 찬양의 행동을 가지고 표현함으로 예배한다. 우리가 이런 행동을 스스로 하고 있을 때에는 개인적인 예배 또는 경건의 행위에 참여하고 있는 것이다. 이와 다르게 우리가 다른 크리스천들과 함께 모여 있다면 그것은 공동예배에 참여하는 것이다. 그 결과 우리는 일상생활 속에서 생각하고, 말하고, 행동하는 모든 삶 속에서 하나님을 더 깊게 예배하게 될 것이다.

아브라함 조슈아 헤셸(Abraham Joshua Heschel, 1907-1972, 유대교 신학자이자 랍비)이 쓴 이 시는 우리가 생각할 수 있는 많은 질문을 제안한다.

> 산을 묵상하는 중에, 꽃들의 겸손함 –
> 어떤 언어보다 지혜로운 –
> 하나님의 영광을 위해 끊임없이 죽어가는 구름들,
> 우리는 미워하고, 빼앗고, 상처를 주고 있는데….
> 오직 한 가지 응답만이 우리를 지켜줄 수 있다: 감사
> 경이로움을 드러내는 감사.

섬기고, 경배하고, 성취하도록

값없이 주시는 선물에 대한 감사.[1]

Amidst the meditation of mountains, the humility of flowers -

wiser than all alphabets -

clouds that die constantly for the sake of His glory,

we are hating, hunting, hurting…

Only one response can maintain us: gratefulness

for witnessing the wonder,

for the gift of our unearned right to serve,

to adore, and to fulfill.

우리가 속한 교회의 예배는 크리스천으로서의 믿음에 대해 진실한가? 또 그 예배는 하나님의 창조의 지혜와 겸손을 가지고 예배 참여자들을 빚어내는가? 우리는 하나님을 찬양하는 것에 대해서 자연으로부터 무엇을 배울 수 있는가? 예배는 하나님의 영광을 위하여 죽을 준비가 될 수 있게 하는가? 예배는 우리가 미워하고, 빼앗고, 상처주려는 성향에서 우리를 깨끗하게 하는가? 우리의 예배는 하나님의 영광을 증거하며 우리로 하여금 감사와 놀라움이 증가하도록 돕는가? 예배가 우리로 하여금 증거하고, 봉사하고, 경배하고, 하나님의 목적을 성취하도록 우리의 마음을 흔들어 놓는가?

## 문제의 핵심

예배는 21세기 북 아메리카에서 많은 논쟁이 된 주제이다. 지난 30-40년 전에, 많은 교회들이 예배의 문제에 대해 치열한 분쟁이 있었고 신자들은 내부적 혹은 외부적으로 분열되었다. 현재는 감사하게도 더 많은 교회 지도자들과 신자들이 깊은 질문들을 하고 있으며, 그 문제들을 더 성경적으로, 신학적으로 그리고 교회론적으로 생각해 내려는 것처럼 보인다.

우리는 참된 예배를 위하여 어떤 질문들을 할 수 있으며 어떤 질문들을 해야만 하는가? 다음에 제시되는 어떤 질문이 당신이 속한 교회 안에서 일어나는 문제들을 명확하게 짚어 줄 수 있겠는가?

우선, 우리는 많은 신자들이 예배가 무엇인지 모른다는 것을 인식해야 한다. 우리는 이 생소한 땅에서 주님의 노래를 어떻게 불러야 하는가? 교회들은 예배가 무엇인지 점점 모르는 문화 속에서 어떻게 예배를 감당해야 하는가? 어떻게 교회는 신자들에게 예배의 의미와 행위 안에서 더 깊은 통찰을 하도록 도움을 줄 수 있겠는가?

예배한다는 것은 무슨 의미가 있는가? 우리가 함께 예배하는 크리스천들에게 왜 그 곳에 있는지를 묻는다면 그들의 답은 어떤 것일까? 그들의 대답은 성경적으로 준비되어 있는가? 아니면 주로 교회를 둘러싼 문화의 영향을 드러내는 것뿐일까?[2]

동시에, 우리가 물어봐야 할 것은, 왜 회중들은 예배와 음악, 스타일과 형식에 대해 자주 싸우는 것처럼 보이는가? 어떤 교회들은 이러한 싸움을 끝내기 위해 여러 다양한 예배를 시작하는데, 두 가지 이상의 스타일들을 다른 시간대에 배치하며, "현대적인(contemporary)", 또는 "전통적인(traditional)", 또는 "혼합된(blended/convergent)"이라는 용어를 사용한다. 또 다른 교회들은 "찬양과 경배"라는 말로 특정하게 차별화하든지 아니면 "감동적인" 그리고 "살아 있는" 예배라고 홍보하기까지 한다. 그렇다면 이러한 설명과 이해가 교회로 하여금 그들을 둘러싼 세상을 위해 할 수 있는 모든 것을 했다고 보는가?

왜 교회들은 우리의 문화에 영향을 미치지 않는 것처럼 보이는가? 스스로 "영적이다"라고 말하는 많은 사람들이 왜 교회의 예배에 깊이 관여하지 않는가?

왜 우리의 전형적인 주일 오전 예배들은 우리로 하여금 떨리게 하지 않는가? 우리는 정말 하나님을 만나고 있는가?

우리는 다른 더 많은 질문들을 할 수 있고, 이 책이 진행되는 과정에서 질문을 하게 될 것이다. 북아메리카 전체에서 교단을 넘나들면서 가르칠 때에 나는 우리가 더 좋은 질문들을 했었더라면, 그리고 포도나무이신 그리스도 위에 세워진 교회의 성경적인 뿌리와 가지가 열매를 맺게 했더라면 예배에 대한 많은 논쟁과 싸움들을 피할 수 있었을 것이라는 것을 알게 되었다. 그래서 이러한 질문들을 하게 된 것이다.

## 왜 교회들은 우리의 문화에 영향을 미치지 않는 것처럼 보이는가?

우리의 문제의 토론을 정리하기 위한 최선의 방법은 성경본문을 가져야 하는 것이며, 예배의 결정을 위한 성경의 함축된 의미를 철저하게 생각하는 것이다. 이스라엘의 예배에 사용된 "대관식" 시편으로서의 시편 96편은 핵심질문들을 하기 위한 탁월한 구조를 제공하고 있다.

시편 96편

의로운 심판의 주님을 예배로 부르심

1. 새 노래로 여호와께 노래하라

    온 땅이여 여호와께 노래할지어다

2. 여호와께 노래하여 그의 이름을 송축하며

    그의 구원을 날마다 전파할지어다

3. 그의 영광을 백성들 가운데에,

    그의 기이한 행적을 만민 가운데에 선포할지어다

4. 여호와는 위대하시니 지극히 찬양할 것이요

    모든 신들보다 경외할 것임이여

5. 만국의 모든 신들은 우상들이지만

    여호와께서는 하늘을 지으셨음이로다

6. 존귀와 위엄이 그의 앞에 있으며

    능력과 아름다움이 그의 성소에 있도다

7. 만국의 족속들아 영광과 권능을 여호와께 돌릴지어다

    여호와께 돌릴지어다

8. 여호와의 이름에 합당한 영광을 그에게 돌릴지어다

    예물을 들고 그의 궁정에 들어갈지어다

9. 아름답고 거룩한 것으로 여호와께 예배할지어다

    온 땅이여 그 앞에서 떨지어다

10. 모든 나라 가운데서 이르기를 여호와께서 다스리시니

    세계가 굳게 서고 흔들리지 않으리라

    그가 만민을 공평하게 심판하시리라 할지로다

11. 하늘은 기뻐하고 땅은 즐거워하며

    바다와 거기에 충만한 것이 외치고

12. 밭과 그 가운데에 있는 모든 것은 즐거워할지로다

    그 때 숲의 모든 나무들이 여호와 앞에서 즐거이 노래하리니

13. 그가 임하시되 땅을 심판하러 임하실 것임이라

    그가 의로 세계를 심판하시며

    그의 진실하심으로 백성을 심판하시리로다

**Psalm 96**

**A Call to Worship the Lord the Righteous Judge.**

1 Sing to the LORD a new song;

   Sing to the LORD, all the earth.

2 Sing to the LORD, bless His name;

   Proclaim good tidings of His salvation from day to day.

3 Tell of His glory among the nations,

   His wonderful deeds among all the peoples.

4 For great is the LORD and greatly to be praised;

   He is to be feared above all gods.

5 For all the gods of the peoples are idols,

   But the LORD made the heavens.

6 Splendor and majesty are before Him,

   Strength and beauty are in His sanctuary.

7 Ascribe to the LORD, O families of the peoples,

   Ascribe to the LORD glory and strength.

8 Ascribe to the LORD the glory of His name;

   Bring an offering and come into His courts.

9 Worship the LORD in holy attire;

   Tremble before Him, all the earth.

10 Say among the nations, "The LORD reigns;

   Indeed, the world is firmly established,

   it will not be moved;

   the peoples with equity."

11 Let the heavens be glad, and let the earth rejoice;

   Let the sea roar, and all it contains;

12 Let the field exult, and all that is in it.

   Then all the trees of the forest will sing for joy

13 Before the LORD, for He is coming;

   For He is coming to judge the earth.

   He will judge the world in righteousness,

   And the peoples in His faithfulness.

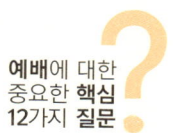
예배에 대한 중요한 핵심 12가지 질문

## Question 01

# 어떤 종류의 음악을 사용해야 하는가?

## Question 01
## 어떤 종류의 음악을 사용해야 하는가?

**새 노래로 여호와께 노래하라** (시 96:1a)
**Sing to the LORD a new song;** (Psalm 96:1a)

나의 아버지는 오르간 연주자, 찬양대 지휘자, 작곡자이셨다. 그래서 나는 아버지가 소중히 여기고 때로는 편곡까지 하셨던 오래된 음악과 또한 새롭게 작곡한 음악을 사랑하면서 자랐다. 나는 어린나이에도, 아버지가 예배와 다양한 종류의 음악에 대해서 사랑하시는 것을 알 수 있었다. 나에게도 이러한 열망의 불이 붙었는지, 새로운 곡을 만들거나 또 믿음의 조상으로부터 받을 수 있는 최고의 가사와 곡조를 가지고 하나님을 찬양하려는 갈망이 나에게로 옮겨졌다. 그런데 오늘날 예배의 상황을 생각할 때 이상하게 보이는 것이 있다. 그것은 교회들이 음악적인 형식 때문에 싸우는 것이며 교회의 유산을 적대적으로 거부하는 것이다. 그런데 문제는 그 유산의 부요함을 조사해보지도 않는다는 것과 지구촌의 다양한 음악과 새노래들이 가진 음악의 잠재력을 탐구해 보지도 않고 거부하는 것이다.

어떤 교회들을 보면 오늘날 문화의 스타일에 맞는 오직 "현대적인 (contemporary)" 음악만을 예배를 위해 사용해야 한다는 원칙이 특별하게 세워져있다. 시편 96편 1절의 앞 구절은 그러한 결정을 정당화 시켜주는 것 같아 보인다. 하지만 이 첫 구절은 오직 새 노래만 사용하라고 제안하는 것이 아니다. 같은 시편의 뒷부분을 보면, 이스라엘의 유산으로부터 내려 온 오래된 노래를 사용한다. 시편 96편 7절과 8절 상반절은 더 오래된 시편 29편의 시작 부분을 인용한다(역대상 16장은 시편 96편이나 아마도 그것보다 먼저 지어진 것이다). 오직 "현대적인" 예배만을 옹호하는 사람들은 성경에 묘사되어 있는 예배가 새 것과 오래된 자료 모두를 사용하고 있다는 사실을 보지 못하고 있다. 새 노래를 노래한다는 것은 오래된 노래를 무시한다는 것이 아니다. 실제로, 우리의 예배가 믿음 안에서 우리보다 앞선 "구름 같은 증인들"과 연결되지 못한다면 우리는 예배에서 잃어버린 것이 무엇인가를 생각해야만 한다.

나는 많은 교회의 상황에서 "현대적인(contemporary)" 예배를 위해 싸우고 있는 예배자들이 있다는 것을 발견했다. 그런데 그들은 '현대적인'이라는 용어가 무슨 의미인지를 잘 이해하지 못하고 싸운다. 현대적이라는 용어는 일반적으로 정의되지 않는다. 현대적이라는 말이 대중을 위한 라디오 방송에서 들려오는 어떤 말을 의미하는가? 아니면 새로운 상표를 가진 오르간의 즉흥연주인가? 오래된 멜로디에 맞게 붙여진 새로운 가사인가? 오래된 가사에 붙여진 새로운 멜로디인가? 아니면 새롭게 편곡되고 신선하게 계획된 고대의 노래를 말하는가? 우리는 특정한 연주법이나 어떤 문화에 순응하기 위해 다투고 있는가? 역설적이지만, "새노래"를 늘 부른다고 자부하는 몇 교회들은 새노래를 각 예배에서 여러 주 동안 반복적으로 거듭해서 부르고 있지만 그 새로움은 신속하게 닳아 없어지게 된다는 것이다.

예배갈등의 다른 측면을 보면, 어떤 사람들은 "전통적인(traditional)" 음악의 사용을 옹호한다. 그런데 그 용어는 우리가 참고하려는 전통이 어떤 전통인지 명확하지 않아서 도움이 되지 않는다. 전통이라는 말은 스웨덴이나 스와힐리 전통, 찬송가, 또는 합창, 교대 교회의 예전, 또는 칼빈주의자나 루터주의자 또는 성공회 개혁자들로부터 새롭게 개정된 의식을 말하는가? 콘스탄틴 교회 이전의 1세기로부터의 전통을 의미하는가? 아니면 근래의 미국 개혁운동으로부터의 전통을 말하는가? `

'전통적인' 것과 '현대적인'이라는 단어가 어떤 의미인지를 묻는 것은 필수적인 것이다. 왜냐하면 그런 용어에 대해 명료한 생각을 갖는데 실패한다면 불필요한 논쟁으로 빠져들기 때문이다. 더구나, 용어들은 자주 잘못된 질문에 대한 대답으로 사용되기도 하고, 좋은 질문에 대한 잘못된 대답으로 사용되기도 한다. 따라서 우리는 이 부분을 좀 더 세심하게 살펴볼 것이다. 이 시점에서 새로운 것과 오래된 것 모두의 중요성을 단순하게 인정하는 것이 중요하다.

> '전통적인' 것과 '현대적인'이라는 단어가 어떤 의미인지를 묻는 것은 필수적인 것이다. 왜냐하면 그런 용어에 대해 명료한 생각을 갖는데 실패한다면 불필요한 논쟁으로 빠져들기 때문이다.

하나님의 백성의 역사를 살펴보면, 예배는 오래된 것과 새로운 것의 요소가 혼합되어 사용되어졌다. 구약에서 많은 노래들은 이스라엘 역사로부터 오래된 요소들을 사용한다. 요한계시록에서도 노래는 시편과 이사야의 책에서 온 구절들을 사용한다. 에베소서 5장 19절과 골로새서 3장 16절은 우리에게 시편과 찬미와 신령한 노래를 사용하여 가르치고 권면하기를 부탁한다. 이 구절들은 우리를 음악적인 스타일에 대한 논쟁으로부터 자유롭게 하며 우리들의 믿음의 신실함을 위해서 음악의 폭 넓은 사용을 제안한다.

'시편'이라는 용어는 유대인과 그리스도인들의 믿음의 선조들과 함께 구약의 시들을 노래하는 일에 참여하도록 초대한다. 구약의 시들은 회당과 성전예배("악장에게" 또는 "합창 지휘자를 위하여"라고 자주 시 제목에 나타난다)를 위해 쓰였고, 시편에서 주로 채택되었다. 그리고 다른 시적인 본문 중에 가장 눈에 띄는 것은 이사야이다.

성경적인 용어 '찬미(psalms)'는 믿음의 전통 안에서 특별히 그리스도인의 노래가 발전된 것을 가리킨다. 신약에는 초기의 찬미들이 많이 포함되어 있다. 예를 들면, 빌립보서 2:5-11, 디모데전서 3:16, 디모데 후서 2:11-13, 요한복음 1:1-14, 그리고 요한계시록에 담긴 모든 찬미들, 예를 들어 요한계시록 5:9-10, 12절과 13절이 있다. 이와 비슷하게 오늘날 다양한 교단과 여러 시대 속에서 공통으로 사용되고 있는 찬송들이 많다. 그리고 밀란의 암브로스(Ambrose of Milan, 339-397)와 클레르보의 베르나르(Bernard of Clairvaux, 1090-1153)와 마틴 루터(Martin Luther, 1483-1546)과 존 웨슬리(John Wesley, 1703-1791)에 이르기까지 위대한 성자들에 의해서 쓰인 찬송들도 있다.

'신령한 노래'라는 구절은 특정하게 정의될 수가 없다. 아마도 그것은 한 순간에 만들어진 찬양의 새로운 표현에 가깝다. 또는 묘한 언어(방언), 아니면 지방음악일 수도 있다. 이 구절의 본래적인 의미는 정확하게는 모른다 해도 우리가 지금 마음에 담아 둘 수 있어야 하는 것은 하나님은 우리가 이미 알고 있는 음악에 의해 절대 가두어질 수 없는 분이라는 것이다. 신령한 노래는 언제나 무한하시고 이해가 불가능한 하나님에 대한 새로운 멜로디, 새로운 화성, 새로운 가사, 새로운 편곡, 새로운 연주, 새로운 표현을 필요로 한다.

우리가 기독교 역사 속에서 다양한 무대들을 보듯이, 우리는 16세기 종교개혁자들이 새로운 것을 발견했던 순간에도 과거의 것을 언제나 존중했다는 것을 알 수 있다. 초기 그리스도인들의 예배를 보면 유대인의 회당예배의 본을 따랐다. 하지만 주님의 만찬의 축제를 예배에 추가했다. 마틴 루터는 가톨릭 교회의 미사를 그대로 유지했다. 다른 점은 예배자들이 자국어로 미사를 드리게 했다는 것이다. 요한 웨슬리(John Wesley, 1703-1791)는 그의 동생 찰스(Charles Wesley, 1707-1788)가 많은 새로운 찬송을 쓰고 있는 순간에도 성공회에서 예배를 지속적으로 드렸다.

## 반대: 분리

그동안 교회는 일반적으로 오래된 것과 새로운 것의 유산을 함께 사용해 왔기 때문에, 20세기의 마지막 10년의 기간에 교회가 예배를 위한 특별한 종류의 음악(보통 "현대적인" 또는 "전통적인")이 있는 것처럼 광고하기 시작했다는 것은 이상한 일이었다. 또한 교회가 다른 시간대에 제공되는 두 가지 또는 그 이상의 다른 스타일의 예배로 예배자들을 나누었다는 것도 이상한 일이었다.

교회를 위해서 그런 분리가 좋은 것인가? 우리가 에베소서와 골로새서에서 보았듯이, 그렇게 나누는 것은 성경적으로 적절한 것은 아니었다. 그런 분리를 통해 얻을 수 있는 장점이 약점보다 더 큰 것인가? 그런 분리는 어떤 문제를 해결했는가? 그것은 실제로 영적으로 도움이 되었는가? 이런 문제들을 대답하기 전에, 우리는 장기적인 것과 지난 반세기로부터 역사를 좀 더 이해해야 한다.

만약 우리가 교회의 지나온 20세기 역사를 살펴본다면, 갱신운동이 주류 교회로부터 떨어져 나왔던 때의 여러 시기들을 볼 수 있다. 수도원 운동의 기류는 기독교를 침투했던 몇 가지의 비성경적인 부착물들, 특히 물질적인 부요를 벗어버렸다. 성경연구와 개인적인 종교의 경험을 강조하는 경건주의 흐름은 세속적인 권력구조 또는 국교회의 지나친 지적인 가르침에 저항했다.

이것은 많은 시대 속에서 주목할 만한 갈등을 일으켰던 특별한 양면성을 강조하는데, 객관적인 것과 주관적인 것, 즉 하나님에 관한 진리의 표현들과 하나님에 대한 반응 안에서의 느낌들에 대한 대립이었다. 이러한 "전통적인"것과 "현대적인"것 사이의 주도적인 싸움은 때때로 서로 반대에 반대를 하며 순환하는데, 오래된 전통적인 찬송들이 더 교리적으로 초점이 모아진다면 현대적인 음악에 더 큰 비중을 둔 찬송들은 주로 느낌에 강조점을 둔다. 예수님께서 "참된 예배자는 영'과' 진리(spirit 'and' truth)로 아버지께 예배해야 한다"(요 4:23)는 점을 강조하셨지만 이러한 대립은 마치 영과 진리의 대립처럼 보인다.

우리의 교회들은 예배에서 사용하는 음악이 성령 안에서 충만케 하고 자유케 하며 또한 성경적이고 교리적인 진리 안에 든든히 설 수 있게 하기 위하여 더 좋은 질문을 할 수 있는가? 영의 감정과 의지가 없다면, 우리의 음악은 생명이 죽은 것 같이 메마르고 윤기가 없게 된다. 인체의 골격처럼 교리적인 뼈대가 없다면, 그 몸은 튼튼하게 세워질 수 없다.

예배음악에서 회중들의 삶을 형성하는 다른 요소들처럼 영과 진리라는 서로 다른 필요의 긴장을 끊임없이 갖는 것은 피할 수 없는 일이다. 변증적인 관계를 가진 이 두 가지 형태는 둘 다 중요하면서도 서로가 다른 방향으로 끌어당기고 있는 것처럼 보인다. 어떻게 하면 그 둘을 중요시 하면서도 균형 잡히게 유지할 수 있겠는가? 진리의 측면이 약해지는 이 시대에 그 차원을 자세히 더 설명해 보자.

> 예배음악에서 영과 진리라는 서로 다른 필요의 긴장을 끊임없이 갖는 것은 피할 수 없는 일이다.

나는 구부러진 다리를 가지고 있는데, 이 경험을 통해 예배의 기초와도 같은 바른 교리적인 뼈대의 중요성을 탁월하게 설명해 줄 수 있다. 나는 다리를 곧게 유지시키기 위해서 무릎부터 발가락까지 플라스틱으로 만든 보조기를 사용하고 있다. 그렇게밖에 할 수 없는 이유는 내가 나의 무게 전체를 다리에 의존했을 때 아마도 구부러져 있는 부분에서 뼈가 부러질 것이기 때문이다. 이처럼, 구부러진 교리를 가진 교회들은 -예를 들면, 부적합한 삼위일체설- 어긋난 것이 압력 아래 놓이게 될 때에 부러지게 될 것이다. 그렇다 해도 플라스틱 보조기로 나의 구부러진 다리를 안정시키는 것은 좋은 해결책이 아니다. 그 이유는 취약한 피부를 사이에 두고 뼈와 플라스틱의 결합으로 인한 자극이 자주 피부에 염증을 일으키기 때문이다. 나는 목다리를 하다가 15개월 후에 다시 걷기를 시작했다. 이와 비슷하게, 삐뚤어진 교리를 가진 교회들은 외부로부터 오는 힘을 의지해서 버티어보려고 할 때 치유할 수 없는 상처를 입게 될 수 있다.

이전에 강했던 많은 교회들이 허물어지거나 심각하게 약화되었다. 그 원인은 구부러진 곳에서 부러지고 있든지 아니면 치유될 수 없는 극도의 상처 때문이다. 예를 들면, 자아도취적인 음악을 기본적으로 사용하고, 하나님보다 자아에 초점이 맞추어진 교회들이 있다고 보자. 그러한 교회들은 교인들을 봉사와 섬기는 일에 참여시키는 일이 갈수록 더 어렵다는 것을 알게 된다. 그들의 음악이 오직 성령님만을 강조하거나 이단처럼 부족한 삼위일체설을 갖는다면 쉽게 고백과 용서에 대한 불충분한 교리를 갖게 되고 결과적으로 갈등들을 다루기가 어렵다는 것을 알게 된다. 영의 자유는 진리의 훈육과 함께 가야만 한다. 이 진리는 특별히 세상의 비 진리와 대조를 이루며, 저항하는 진리이다.

## 최근 심화된 분리

역사전체 안에서, 결집과 분리라는 둘 모두의 힘은 하나 또는 더 우세한 것과 함께 작용하는 것이다. 하지만 지난 50년의 시간 안에서 볼 때, 분리의 힘은 여러 요인들로 인해 더 강렬하게 악화되었다. 우리는 60년대의 반항과 틈새시장의 발전이 함께 엮여진 교회음악의 역사를 이해해야만 한다.

나는 과거를 낭만적으로 묘사할 의도는 없다. 모든 시대는 그 시대만의 결함이 있다. 하지만 일반적으로 북 아메리카의 음악에서 20세기의 50년대 전까지는 다양한 사람들에게 통일성이 있었다. 가족들은 피아노 주변에 함께 모여서 모든 종류의 노래들을 부르곤 했다. 찬송, 민요, 군대 행진곡, 뮤지컬음악, 자장가들. 문학과 예술은 흔히 응접실에 모여 있는 가족들 또는 읍이나 면사무소에 모여 있는 지역주민을 그려내거나 선택의 폭이 넓은 악기, 흔히 집에서 만든 악기로 무척 다양한 음악을 연주하는 모습을 그렸다.

현재와 같은 균열에 기여한 한 가지 강력한 요소는 변화와 사건들의 결합과 그리고 60년대에 보인 태도였다. 제 2차 세계 대전 후에 성인이 되는 인구가 급증했고, 일관된 교사보다 오히려 친구들의 조언을 듣는 십대들이 다니는 중학교가 늘어났다. 월남전에 대한 분노가 확대되었으며, 켄트(Kent) 주립대에서 저항하는 학생들을 향해 총으로 쏘아 죽인 것 같은 정부의 폭력적인 탄압들이 있었다. 십대들에게서 보여진 어른들의 권위에 대한 전례가 없는 거부와 불법 마약의 투입, 이와 같은 것들이 신세대와 구세대의 구분을 심화시키는 몇 가지 요소들이었다. 60년대의 음악은 정체성을 말해주는 표시가 되었으며, 반항의 상징이 되었고. 자신들의 문화와 다른 모든 문화에 대해서 대항하는 면에 하나가 되게 하였고, 독립성을 과시하기 위한 수단이 되었다.

같은 시기에 비즈니스 사업, 특별히 음반 산업은 사람들이 더 작은 틈새 속으로 사람들을 나눌 수 있다면 돈은 더 많이 벌 수 있을 것이라는 사실을 알아차리게 되었다. 모든 종류의 음악을 내 보내는 하나의 방송국보다는 다수의 방송국을 가질 수 있었다. 그것은 각각 차별화된 것들이었다. 미국과 캐나다에서 발행된 다양한 신문들은 새로운 "십대 시장"(나이 9-13세)에 그들을 주 내용으로 다루는 글들을 싣게 되었다. 화장품의 한정판, 새로운 패션 잡지, 새로운 영화들과 게임들이 디자인되었다. "십대들"은 그들만의 스타일과 모델을 갖고 그들만의 성향과 음악을 갖게 되었다. 왜냐하면 제작자들과 판매자들은 십대들이 소모하게 될 돈이 1억 4000만 달러(당시 기준)가 된다는 것을 발견했기 때문이다.

우리의 교회 안에도 같은 종류의 반란(교회의 기관과 실행에 반항하는)과 같은 종류의 틈새시장("우리는 우리에게 맞는 음악을 원한다")이 들어오게 되었다. 이렇듯 예배의 다양한 스타일로 교회가 분리되는 것이 부머(boomer) 세대에게 극적으로 심화되었다는 것은 이상한 일이 아니다.

두 쪽 모두는 실수를 범했다. 부머 세대는 교회의 음악에 대하여 반항했고 "찬양과 경배" 같은 자신의 스타일을 요구했다. 전통주의자들도 새로운 찬송을 포함한 방법에 대해서 찾지 않음으로 실수를 했고 새로운 음악을 분류하기 위하여 더 좋은 질문을 해야 하는 일에 실패했다. 현대주의자들 역시 그들의 어른 세대로부터 더 좋은 것을 받지 않아서 판단에 문제가 생겼다. 그들은 어른들로부터 가르치는 것과 새로운 음악을 인도하는 것과 더 좋은 신학으로 노래를 완성하는 것과 선율과 가사가 일치하는 방법을 배울 수 있어야 했다.

하나님의 은혜로, 점점 더 많은 교회들이 교단의 범위를 넘고 세계를 돌며 더 좋은 질문을 묻고 있는 것 같이 보인다. 어떤 교회들은 어떻게 하면 이러한 분리를 피할 수 있는지, 어떤 다양한 스타일이 함께 갈 수 있는지를 알고 싶어 한다. 다행하게도 부머 세대보다 더 젊은 많은 사람들이 과거의 교회의 뿌리로부터 무엇을 배워야 하는지를 질문하고 있다. 그들은 신비, 상징주의, 유산, 깊이 -"영과 진리" 안에서 참되게 하나님을 예배하기 위한 모든 것- 를 찾고 있는 것 같다.

## "혼합된(Blended)" 또는 "수렴된(Convergent)" 것이 아닌 전체 교회에 대한 감각

내가 볼 때 교회들이 예배에서 많은 음악적인 스타일과 소리들을 사용하기 원해야 하는 중요한 이유가 있다. 그것은 우리가 크신 하나님을 믿기 때문이다. 한 가지 타입의 음악만으로는 하나님의 모든 속성을 다 반영할 수 없다. 하나님의 속성을 모두 노래할 수 있는 악기는 세상에 존재하지 않는다. 어느 교회시대에도 하나님의 영광의 충만을 모두 나타냈던 때는 없었다.

요즈음 어떤 사람들은 "혼합된(blended)" 예배라고 불리는 것을 제공하고 싶어 한다. 이러한 예배에는 오래된 음악과 새로운 음악이 등장한다. 비록 혼합된 예배라는 말에 곤란함을 갖지만 이것은 탁월한 목표이다. 나는 위급하게 한 턱 수술의 회복과정에서 세 달 동안 믹서기 안에서 부드럽게 만들어진 음식을 먹어야 했다. 이 경험의 실례는 위험이 무엇인지를 지적해 준다. 만일 우리가 다른 시대와 스타일로부터 음악을 사용할 때, "혼합된" 예배에서 그 노래들이 모두 한꺼번에 같은 소리로 연주되게 해서는 안된다. 그것은 결국 믹서기에 함께 던져진 다양한 과일처럼 구분이 안 되는 색깔이 되어버린다. 그 대신에, 우리는 각 노래가 가진 고유한 특성을 유지하는데 신경을 써야 하며 각 노래들은 신실함을 가지고 불려야 한다.

형용사로서 "수렴된(convergent)"이라는 말이 자주 사용되는데, 특히 "고대-미래" 신앙이라는 표현을 한 로버트 웨버(Robert E. Webber) 박사의 아이디어와도 관련되어 있다.[3] 이것은 역시 탁월한 목표를 나타낸다. 그것은 우리가 참으로 예배가 무엇인지와 우리의 찬양이 어떻게 불려야하는지를 이해하기 원한다면 교회의 뿌리로 돌아가야 한다는 것을 강조하기 때문이다. 그 용어가 갖는 한 가지 유익한 질문은 어떤 지점에서 수렴이 만들어지느냐이다. 그것은 과거의 모든 예배가 현재의 예배 순간에 수렴된다는 것을 의미하는가?

어쩌면 우리는 믿음의 본성에 관하여 명확해질 수 있다. 그것은 예배가 하나님께서 우주를 화해시키는 삼위 하나님의 역사에 있어서 정점을 불러오는 바로 그 위대한 날에 궁극적으로 수렴이 된다는 것을 기억할 때 일어난다. 그 영광스러운 시간에, 우리들의 모든 현재의 예배는 영원하고 완전한 예배 안에 하늘의 무리들과 합쳐질 때 시간과 공간 전체를 걸쳐 모든 성도들의 찬양이 수렴될 것이다. 이 강조는 이 책의 끝부분에서 다시 나올 것이다.

한편, 어떻게 하면 우리는 좀 더 좋은 음악으로서 오래된 것과 새로운 것을 이용할 수 있겠는가? 우리가 곡을 선택하는 기준에 있어서, 우리가 좋아하는 것이나 어떤 사람을 기쁘게 하려는 것이나 이웃에게 매력을 주려는 것이거나 사람들의 취향에 따라 곡을 선택하지 않겠다고 결정하는 것이 중요하다.[4] 이 책에 담긴 미래의 질문들은 우리가 노래를 결정하는 데 필요한 더 좋은 기준을 제공할 것이다. 어쩌면 우리는 우리의 목표를 단순하게 요약할 수 있다. 예배는

"모든 세상을 위하여 '하나의 거룩하고, 범교회적, 사도적인 교회'(니케아 신조(Nicene Creed)에서 말하듯이)의 음악을 사용할 수 있다는 것을 선언하는 것"이다. 우리는 모든 음악이 믿는 자들로 하여금 믿음의 언어와 참된 예배의 본성을 배울 수 있게 돕는 것을 갈망한다.

예를 들어서, 내가 속해 있는 아프리칸 미국인 회중교회의 한 주일 예배를 보자. 그 예배는 음악의 다양한 스타일을 사용하였다. 그것은 우리가 한 종류의 음악만 사용하는 것에 대한 두려움 때문이 아니었다. 우리가 불렀던 모든 노래들이 그 날의 성경본문과 우리가 예배해오고 있었던 교회력의 절기를 담고 있었기 때문이었다. 예배를 시작할 때 우리는 두 가지 흑인 영가와 하나의 소위 "현대적인 찬송"을 불렀다. 그 예배에서 구약의 교훈은 이사야 12장이었다. 그래서 어린이들의 설교를 위해서 전 회중은 히브리 선율을 가진 노래 "보라, 하나님은 구원이시다(Behold, God Is My Salvation)"를 배웠다.

> 우리는 모든 음악이 믿는 자들로 하여금 믿음의 언어와 참된 예배의 본성을 배울 수 있게 돕는 것을 갈망한다.

그러는 동안 나는 유대인 춤을 어린이들에게 가르쳤다. 그날 신약 선지서의 교훈은 하나님의 무한하신 은혜를 강조했다. 따라서 우리는 미국 초기의 찬송인 "거기에 하나님의 자비의 증거가 있다(There's a Wildness in God's Mercy)"를 불렀다. 우리는 모든 기타줄의 음정을 미(E)음과 시(B)음으로 바꾸었다. 그리고 한 사람이 저음을 내기 위해 기타를 쳤다. 그러는 동안 우리는

"애팔래치아인 스타일(Appalachian-style, 보수적이며 약간은 촌스러운 스타일)"로 주고받는 식으로 그 가사를 노래했다.

복음서의 본문은 누가복음 15장으로 집을 떠난 아들(또는 기다리는 아버지)의 이야기였다. 그것은 놀랍게 다가왔고 케빈 니콜스(Kevin Nicols)의 내용 가운데 "아버지, 우리는 방황했습니다(Our Father, We Have Wandered)"를 적용했다. 이 내용은 예배예전에서 영어로 된 국제 위원회에 저작권이 있다. 이렇게 다른 많은 교단찬송을 이용할 수 있다. 이 아름다운 텍스트의 두 번째 절은 이렇게 끝난다. "당신은 서둘러서 우리를 만나러 오고, 기쁨으로 소와 의복과 반지를 들고 반겨줍니다.(In haste you come to meet us and home rejoicing bring, in gladness there to greet us with calf and robe and ring.)" 이 구절은 우리가 예배드릴 자격이 없는지 알게 해 주는 얼마나 겸손케 하는 고백인가! 니콜스 시의 세 구절은 "전심으로 나를 원한다(Herzlich tut mich verlangen)"의 멜로디를 따라 불렀고, 이 곡은 합창곡 "오 거룩하신 주님 그 상하신 머리(O Sacred Head Now Wounded)"라는 곡과 관련되어 있는데, 요한 세바스찬 바하에 의해서 화성화된 것이다.(이 곡은 그의 작품 마태의 수난곡의 5성부 악기 파트 중 한 선율이다)

그날 예배에서 부른 각 노래들은 전체 예배와 잘 맞았다. 그렇게 된 이유는 그 노래들이 그날 본문과 전체 예배의 주제를 드러내기 위해 선택되었기 때문이다. 비록 많은 다른 스타일들의 곡들이 선택되었다 해도 각 노래들은 모든 음악이 가진 신실함을 경험하기 위하여 그 독특한 스타일에 따라서 함께 사용되어졌던 것이다. 모든 노래들은 우리의 예배 속에 전체 교회가 참여하고 소유하게 하는 훌륭한 예를 보여준다. 그 음악은 유대인과 이방인, 흑인과 백인, 고대의 가사와 새로운 가사, 오래된 멜로디와 새로운 멜로디를 포함한다. 음악은 우리 공동체의 사람들, 즉 흑인과 백인, 젊은 자와 늙은 자, 부자와 가난한 자, 새신자와 믿음에 성숙한자를 함께 엮어준다.

예배에 대한
중요한 핵심
12가지 질문?

How Shall We Worship?

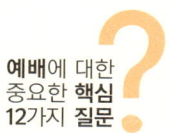
예배에 대한 중요한 핵심 12가지 질문

## Question 02

# 누가 예배를 받고 있는가?

Question 02

# 누가 예배를 받고 있는가?

**온 땅이여 주님(여호와)께 노래할지어다** (시 96:1b)
**Sing to the LORD, all the earth.** (Psalm 96:1b)

우리가 음악적인 취향에 따라 예배의 종류를 선택하는 것은 아주 위험한 생각이다. 그것은 예배가 하나님을 위한 것이라는 사실을 잊는 것이다. 시편 96편의 시가 "온 땅"으로 하여금 하나님을 찬양하도록 요구하는 이유는 하나님께서 그분의 모든 창조물의 찬양을 받으시기에 합당하시기 때문이다.

이 시에서 '주님(여호와)'의 이름이 전체적으로 대문자로 되어있다는 것을 주목하라. 이것은 '야웨(YHWH)'라는 이름이 번역되어야 할 필요가 있을 때, '야웨(예전에는 '여호와'로 불렀다)'라는 이름을 입으로 소리를 낼 때(그 이름을 소리로 낼 때, 정통유대인들은 아직까지 그 이름을 입으로 말하지 않는다) 영어에서는 '주님'으로 쓰는 것이 관행이다. 그리고 야웨는 "to be"를 의미하는 동사의 뿌리로부터 온 것이다. 여호와는 하나님이 출애굽기 3장 14-15절에서 불붙는 가시떨기에서 모세에게 자신을 나타내셨던 이름이다. 이 용어는 주변 가까이에 있는 모든 거짓 신들과 하나님을 구별하는 용어이다. 그분은 단지 하나의 신이 아니라 홀로 신실한 언약의 하나님이시며 "스스로 존재하시는(I AM)" 위대하신 분이시다.

그 이름은 우리에게 찬양해야 할 특별한 이유를 주신다. 그 이름은 주님에 의해 주어진 귀중한 모든 약속에 대한 놀라움으로 우리를 부르신다. 주님은 그분의 언약에 끊임없이 신실하시기 때문에 신뢰하도록 부르신다. 그리고 모든 억압으로부터 그분의 백성에 대한 실질적인 구원에 대한 감사로 우리를 부르신다. 우리가 예배할 때, 우리는 그분이 하나님이시기 때문에 노래한다. 그리고 하나님은 너무나 놀랍기 때문에 우리가 찬양의 제사를 드리고 싶든지 그렇지 않든지 우리의 예배를 받으실 가치가 있으신 분이시다. 이것은 다음과 같은 비판적인 질문을 하게 만든다. 어떻게 해서 그렇게 많은 그리스도인들이 예배가 하나님을 위한 것이라는 사실을 잊어버리게 되었는가? 우리는 두 가지 중심이 되는 이유를 볼 것이다. 그 하나는 개개인의 믿는 자들로부터 온 것이고 또 한 가지는 회중으로부터 온 것이다. 둘 다 궁극적으로는 죄로부터 시작된 것이다.

> 우리가 예배할 때, 우리는 그분이 하나님이시기 때문에 노래한다. 그리고 하나님은 너무나 놀랍기 때문에 우리가 찬양의 제사를 드리고 싶든지 그렇지 않든지 우리의 예배를 받으실 가치가 있으신 분이시다.

사회 분석가 크리스토퍼 라쉬(Christopher Lasch)는 이것을 "자아도취의 문화(The Culture of Narcissism)"라고 불렀다. 그리고 20세기 말은 이전보다 다른 사람에 대한 돌봄과 큰 관심에 의한 즉각적인 행동들이 사라지는 중대한 이기심을 낳았다고 강조했다.[5)] 추가적으로 지금은 마케팅의 시대이다. 셀 수 없는 새로운 유행과 패션으로 우리 자신을 애지중지하게 만들도록 광고의 융단폭격이 가해지고 있는 것이 특징이다. 오늘날 기술 사회는 끊임없이 늘어나는 상품들 속으로 우리를 가차 없이 몰아간다. 그것은 마치 하나만 더 가지면 마침내 계속되는 왕성한 갈망에 만족을 줄 수 있을 것처럼 속인다. 이렇게 이용할 만한 서비스와 끝이 없이 넘쳐나는 상품들로 오싹하지 않는가?

우리가 이 시대의 물질적인 소비지상주의에 저항할지는 몰라도 끊임없는 압력을 피할 수는 없다. 우리가 광고를 보지 않고 고개를 돌릴 수 없을 정도이다. 대중매체는 잠시 머물며 기다리는 장소들과 공항 어디에나 있다. 방송매체나 통신기기에도 있다. 쇼핑몰은 볼 수 있게 급속히 늘어나고 있다. 휴대폰 판매자들은 우리의 일과 가정생활을 방해하기까지 한다.

우리가 지속적으로 경계하지 않는 한 뭔가를 찾고 있는 자신을 발견한다. "그 안에 나를 위한 무엇이 있을까?" 그와 같은 관점이 우리의 예배 태도에 침입했을 때, 우리는 "나는 그 예배에서 많은 것을 얻지 못했다"라고 불평한다.

그래서 어떻다는 말인가? 그것은 당신이 예배하고 있었던 이유가 아니지 않는가?

우리가 예배에 관하여 어떻게 실제적으로 '느끼는가' 하는 것은 중요한 것이 아니다. 예배는 하나님을 위한 것이다. 창조물은 창조자를 찬양해야 할 의무가 있기 때문이다. 이것은 책의 시작 부분에서 아브라함 조슈아 헤셀의 싯구에서 제안했던 것 같이 온 땅은 하나님의 존재케 하신 은혜에 대해 반응을 하지만 죄 안에 갇혀 있는 인간 존재만은 무엇이 우리를 기쁘게 할까 라고 생각하는 "사냥행위(hunting)"를 가지고 반응한다.

우리의 예배가 하나님을 위한 것이라는 사실을 잊게 되는 두 번째 중요한 원인은 쇠퇴하는 교회 출석자들과 줄어드는 교단의 회원들이 교회로 하여금 잘못된 질문을 하게 만들기 때문이다. 그들은 어떻게 하면 예배하는 공동체가 최선의 찬양을 할 수 있으며 하나님을 영화롭게 할 수 있는지를 검토하는 대신에, "우리가 불신자들에게 매력을 주려면 예배에서 무엇을 할 수 있는가?"라고 묻기 시작했던 것이다. 결과적으로 많은 회중은 과격한 예배의 변화를 만들었다. 그러한 변화는 지혜보다는 두려움으로부터 온 것이고 공포심을 반영한 것이었다.

마케팅 권위자들은 이 두려움을 이용했다. 그래서 '어떤 예배의 형식이 불신자에게 매력을 줄 수 있을까?' 하는 많은 책들이 출판되었다. 주일 오전에는 감동적으로 복음전도에 맞는 이벤트를 제공하고 수요일 밤에는 믿는 자를 위한 예배를 제공하는 윌로우 크릭(Willow Creek) 교회는 많은 교회들이 주일 오전 예배를 복음 전도 집회로 잘못 모방하게 했다. 그러한 교회들은 예배가 이웃사람이 아니라 하나님께 빚을 진 것이라는 사실을 잊은 것이다.

반면에, "더 매력적인" 교회들에게 성도들을 빼앗기고 있다는 것을 알아차린 또 다른 회중들은 시장점유율이 줄어들지 않게 하기 위해서 예배하는 방법을 갑자기 바꾸었다. 조사를 하면 할수록 "교회성장"은 많은 부분에 있어서 신기류와 같다는 것을 예증해주고 있다. 왜냐하면 90% 이상이 단지 교회만 바꾼 수평이동을 한 사람들이기 때문이다. 그럼에도 불구하고 많은 회중들은 아직까지도 예배의 쟁점 사안이 기본적으로 "매력" 요소에 따라 결정되어져야 한다고 생각한다. 그렇다면 어떻게 개인과 공동체는 다시금 예배가 하나님을 위한 것이라는 사실을 배울 수 있겠는가?

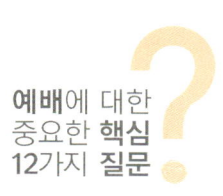

예배에 대한 중요한 핵심 12가지 질문

How Shall We Worship?

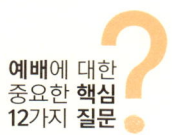
예배에 대한 중요한 핵심 12가지 질문

Question 03

우리가 하나님을
어떻게 예배 하는가?

Question 03

## 우리가 하나님을 어떻게 예배 하는가?

여호와께 노래하며 그 이름을 송축하며 (시 96:2a)
Sing to the LORD, bless His name; (Psalm 96:2a)

시편 96장의 세 번째 행은 "주의 이름을 송축하라"라는 구절을 포함해 우리가 어떻게 하나님을 찬양해야 하는지에 대한 방향을 알려준다. 우리가 어떻게 주를 송축할 수 있으며, 그분의 이름에는 어떤 중요한 의미가 있는 것인가? "그 이름을"이라는 구절을 살펴보면 좀 더 잘 이해할 수 있을 것이다.

성경 본문에서 나오는 '이름'이라는 단어는 단지 누구를 부를 때 사용하는 호칭 이상의 뜻을 함축하고 있다. '이름'이라는 단어는 그 존재가 어떠한 존재인지를 나타내는 의미를 가지고 있다. 하나님께서 야곱을 본래 "속이며 살았던 자"라는 뜻을 가진 야곱의 이름에서 "하나님과 씨름한 자"라는 뜻을 가진 이스라엘로 바꾸신 이유가 여기에 있다(창세기 25:26, 32:28).

하나님을 부르는 여러 이름들은 다양한 관점을 통해 삼위일체의 속성과 역할을 암시해 준다. 이러한 이름들은 하나님이 누구신지를 설명하는 묘사나 비유의 역할 그 이상이다. 왜냐하면 하나님은 실제 빛과 진리와 사랑, 그밖에 그 무엇이지만, 우리는 결코 인간적 사고의 영역 안에서 그 명칭들에 대한 의미를 완전히 이해하기는 힘들다. 한 가지 중요한 경우가 '아버지'라는 이름이다. 우리가 '아버지'라는 그 이름을 부르게 된 것은 성육신하신 예수님 때문이다. 예수님은 처녀 마리아에게 나셨고, 우리의 제사장으로서 그분이 아버지와 가지신 친밀함을 알려 주셨기 때문이다. 그러나 여기서, 하나님은 성별 여부에 국한될 분이 아니시므로 우리가 부모 중 남성을 칭할 때 쓰는 '아버지'라는 단어의 정의 안에 포함시켜서는 안된다. 하나님의 이름, 즉 아버지를 송축한다는 것은, 성육신의 신비와 경이로움 앞에 엎드린다는 것이고, 우리에게 삼위일체의 거룩한 친밀함 속에 참여할 수 있는 가능성의 신비와 경이로움에 엎드리는 것이며, 하늘에 계신 아버지께서 자녀들에게 공급하시는 보호와 공급의 충만함 앞에 엎드리는 것이다. 따라서 주기도문으로 기도한다는 것은 "하나님의 이름을 송축하는 것"이라고도 할 수 있다.

성경 말씀을 읽다보면 우리에게 하나님과 그 이름을 "축복하라"고 명령하는 구절이 좀 어색하게 들리지 않는가? 그것은 하나님만이 우리에게 복을 주실 수 있는 분이기 때문이다. 하나님은 본래 우리의 축복이 필요 없는 분이시다. 우리의 찬양이 하나님께 무언가 해드린다고 생각할 수 있을까? 어쩌면 하나님의 축복을 배로 돌려받고 싶은 숨은 동기나 목적이 있는 것은 아닐까?

실제로, 우리가 진심으로 하나님을 송축하고 참으로 그분을 찬양한다면, 우리는 우리의 예배가 세상 말대로 전혀 소용이 없다는 것을 인정해야 한다. '하나님의 이름을 송축하라'고 요구하는 동사는 거의 명령에 가깝게 우리에게 무릎 꿇고 주를 앙모하라는 요구이다. 하나님은 우리의 경배를 받으실 오직 합당하신 분이시므로, 그 구절 '주의 이름을 송축하라'고 함으로써 우리로 하여금 하나님의 성품을 향한 존경과 경외심을 표현해야 할 것을 선포한다.

> **하나님의 이름을 송축하라고 요구하는 동사는 거의 명령에
> 가깝게 우리에게 무릎 꿇고 주를 앙모하라는 요구이다.**

이러한 구절들의 초점이 온전히 하나님께 있으며 우리와 우리의 유용함에 대해서 아무 말도 하지 않는다는 것을 주목하라. 우리가 사람들 눈에 뭔가 있어 보이도록 세련된 모습으로 드리는 찬양을 그만두기 시작할 때, 우리는 진짜 찬양을 올려드릴 수 있는 것이다.

왜냐하면 보이기 위한 찬양은 실제로는 하나님께는 별 의미가 없기 때문이다. 하나님은 부족함이 없는 분이시고 그분의 뜻을 우리의 행동 때문에 쉽사리 바꾸실 분이 아니시기 때문이다. 우리가 자신을 버리고 진정으로 여호와 하나님을 찬양한다면 단순히 우리의 기분이 좋아질 수는 있겠지만 우리가 전심으로 정직하게 하나님께 반응할 때 그분은 모든 상황을 바꿀 수 있는 분이시다.

아마 우리가 하나님의 이름을 어떻게 송축할 것인지를 실제적으로 알고 싶다면 그 반대로 누군가를 헐뜯고 더럽히는 것을 생각하면 쉽게 이해가 갈 것이다. 내가 어릴 때 아버지는 정말 좋은 분이시며 학교 교장 선생님이셨고 그래서 나는 아버지의 이름을 더럽히는 일은 어떠한 것도 하기 싫었다. 이와 비슷하게, 하나님이 은혜로우시고 자비하신 아버지라고 믿는 우리는 그의 이름을 더럽히지 않기 위해서 은혜롭고 자비롭게 살기를 원한다.

우리는 진정 "작은 예수"를 닮은 '그리스도인'에 합당한 삶을 살고 있는가? 우리가 삶 속에서 드러나는 성품을 통해 그분의 이름을 높여드리고 있는가, 아니면 더럽히고 있는가? 우리는 우리의 '예배'하는 모습을 통해 하나님의 이름

을 비방하는가, 아니면 고귀하게 여기는가? 만약 우리 이익만을 위해 예배하고 있다면 과연 우리는 성령님의 이름을 높여드리는 것일까, 아니면 깎아내리고 있는 것일까?

   내가 회중 예배나 개인의 보통의 삶의 두 상황에 해당하는 예시들을 사용한 이유는, 우리의 찬양의 목적이 회중들로 하여금 그들의 전(全) 삶이 또한 예배와 같이 드려지도록 정비되어야 하기 때문이다. 시편 96편의 첫 세 행은 온 땅이 하나님의 함께하심을 경배함과 같이 우리의 삶에서도 주를 찬양하고 예배를 드려야 할 것임을 이야기하고 있다. 히브리어인 '하-아렛츠(ha-aretz)'란 단어는 구약에서 '땅'이란 의미로 쓰이며 많은 시적 이미지들은 시편 96장 끝의 몇 가지를 포함하여 거룩한 땅이 백성들에게 추수할 작물과 거할 처소를 마련해주고 하나님께 감사의 노래를 올려 드리는 모습을 보여준다. 우리는 과연 우리의 전부를 다해서 하나님께 노래하는가? 우리의 공동체 생활이나 회중 예배, 개인의 삶과 예배에서 진정 하나님께 드리는 찬양을 삶에 담아내고 있는가?

## ▎하나님의 이름을 더 많이 축복하기 위한 수단으로서
### 교회력(The Church Year)

   하나님의 성품은 우리의 이해와 표현의 한계를 넘어서는 무한하신 분이다. 그리고 이 세상과 우리의 삶에 철저히 개입하는 분이시기 때문에, 삼위일체 하나님의 위대한 이름을 충분하게 송축한다는 것은 있을 수 없는 일이다. 그래서 교회가 부르는 노래의 폭을 더 넓히기 위해서 개발된 수단이 교회력이다.

북미에 있는 많은 교회들이 보통 "가톨릭" 행위의 느낌이 난다는 이유 때문에 교회력을 사용하는 것에 대해서 거부감을 나타낸다. 찬양이 "현대적"이어야 하거나 "모든 사람에게 매력적이어야 한다"라는 목표를 중요하게 생각하는 사람들은 교회력이 이러한 목표를 이루는데 방해가 된다고 생각한다. 예를 들면, 사순절은 너무 침울한 분위기를 낸다고 하며 "축제적인" 찬양을 할 수 없다고 비난을 하는 것이다.

하지만 이러한 거부반응들이 가진 문제는 하나님을 이해하는 이해력을 감소시킨다는데 있다. 왜냐하면 예수님의 고통과 열정은 하나님의 성품의 본질적 요소이며 우리를 위해 대변해주시는 것을 적절하게 기념해야 하기 때문이다. 예배는 늘 즐겁기만 할 수 없다. 그것은 우리가 삼위일체 하나님의 충만한 모든 면을 다 예배해야 하기 때문이다. 더 나아가 고통과 어려움의 연속인 인간의 삶 속에서 믿는 자들은 우리가 당하는 어려움 속에서 슬픔과 희망을 표현하는 믿음의 언어를 배워야 한다. 더 중요한 것은 우리가 죄의 깊음과 스스로 우리 자신을 구원할 수 없음을 이해해야 하기 때문에 사순절이 필요하다. 우리의 타락과 본성 그리고 우리의 죗값을 치르신 그분의 행하신 깊은 뜻을 깨닫기 위해 시간을 들이지 않는다면 예수님이 우리를 위해 어떤 길을 걸으셔야 했는지 어떻게 이해할 수 있겠는가?

> 예배는 늘 즐겁기만 할 수 없다. 그것은 우리가 삼위일체 하나님의 충만한 모든 면을 다 예배해야 하기 때문이다.

초대 기독교인들은 예수님의 수난과 부활하심이 모든 것을 변화시켰다는 것을 인식했다. 그리고 우리를 대신해 죽으신 구원의 행위로부터 그 의미를 매순간 끌어 온다는 것도 알았다. 결과적으로 그들은 예수님의 수난, 죽음에서의 부활 그리고 매년 유월절이 올 때마다 넘치도록 부어주시는 성령을 기억하고 기념했다. AD 2세기 초반에는 유대인의 유월절과 성령강림절 축제는 기독교인의 수난절, 부활절 그리고 성령강림절로 서서히 바뀌기 시작했다는 증거가 있다. 그 후 이러한 기념일은 점점 더 늘어나서 325년 니케아 공의회가 사순절을 40일로 공표하게 되었다.

지금 여기서 전체 교회력의 진화를 역사적으로 재검토하거나 자세한 요소들을 다룰 필요가 없는 이유는 많은 자료들이 그 정보에 대해 이미 말하고 있기 때문이다.[6] 우리가 인정해야할 중요한 부분은 우리가 하나님의 이름을 더욱 철저하게 찬양할 수 있도록 이 도구가 대단한 선물이라는 것을 더 많은 교회들이 재발견하고 있다는 것이다.

교회력이 시작되는 대강절 기간은 크리스마스 4주전 주일부터 크리스마스까지이다. 이 절기의 주요 주제는 회개, 기다림, 준비 그리고 기쁨이다.[7] 이것은 오만함과 순간적인 쾌락과 생각의 결여, 만족할 줄 모르는 욕망으로 붕괴되어가는 세상을 향한 처방으로서의 선물이라고도 할 수 있다.

대강절 기간 동안의 예배는 우리로 하여금 그리스도의 자녀로서 준비가 되어 있는지 자신에게 되물어보는 계기가 된다. 우리에게 얼마나 구원자가 필요한지 아는가? 이 세상이 얼마나 가난한 자들에게 불의하며 하나님이 처음 디자인하신 온전함과 평강의 상태가 얼마나 파괴되었는지를 눈으로 보는가?

언젠가 나는 보수 경향을 띤 정치 기사를 읽었는데 세계 여러 나라들이 미국을 "새로운 천년의 로마제국"과 같다고 여기며 분개한다는 사실을 알게 되었다. 누가복음 1장에서 마리아가 그녀의 찬송을 노래할 때, 이 복음의 구절은 성경의 일과표 안에 대강절 마지막 주일로 지정되어 있는데(성경읽기표의 스케줄) 이것은 많은 교파들이 공통적으로 사용한다. 마리아가 "주리는 자를 좋은 것으로 배불리셨으며 부자는 빈손으로 보내주셨도다"(누가복음 1:53)라고 고백한 것은 우리와 세상 사람들과의 관계를 묘사한 것이라고 인식하는가? 대강절에 관한 다른 문서들, 특히 이사야서에서 온 구절들은 메시아가 정의로 다스리신다는 사실을 우리에게 상기시켜줌으로서 세상에서 정의를 실현하고 싶은 사람들에게 공감대를 더해 준다.

대강절 세 번째 주일에는 기쁨의 찬양으로 이 기간의 회개의 분위기를 중단시킨다. 많은 교파들이 이것을 나타내기 위해 보라색 양초를 첫 번째, 두 번째 그리고 네 번째 강림절주일에 사용하고 세 번째 주일에는 기쁨의 축제를 표현하기 위해 분홍색 양초를 사용한다. 구원자가 절실히 필요한 죄인된 인간이라는 것을 인식하는 2주간의 시간을 보낸 후에, 기쁨이 넘치는 이 날은 자신의 아들을 우리에게 보내어 주신 은혜로우신 하나님을 기억하게 해준다. 이것은 예수님이 다시 오실 그 날과 영원한 왕국에 들어가서 받게 될 삼위 하나님이 우리에게 부어주실 은혜에 대한 우리의 기대를 더욱 고조시킨다.

나는 대강절의 성격에 대하여 간략하게 요약했다. 그 이유는 우리가 평소에 생각지 않는 교회력이 얼마나 중요한 믿음의 의미가 있는지를 알아야 할 필요가 있기 때문이다. 우리의 예배는 하나님이 가지고 계신 다양한 차원의 정교하심과 다양한 관점을 가질 때 더 풍성해질 수 있다. 그리고 우리가 특별한 절기에 맞도록 찬양곡과 연주, 가사, 설교주제, 기도, 드라마, 미술 등을 선정할 때에 사람들의 마음속 더 깊은 곳을 헤아리는 통찰력을 가질 수 있다면 예배는 더 풍성해진다.

성탄절은 세상에 잘 알려져 있지만 매우 잘못 지켜지고 있는 절기이다. 그분이 스스로 자신을 낮추시어 이 땅에 오신 그 위대한 겸손을 거의 깨닫지 못한 채 그저 감성적인 느낌만으로 받아들여지고 있다. 우리의 찬양과 경배가 과연 그가 이 땅에서 경험하셨던 헤롯 왕의 위협, 고난, 겸손과 인간을 향한 절대적인 사랑을 충분히 상기시키고 있는가?

> 우리가 특별한 절기에 맞도록 찬양곡과 연주, 가사, 설교주제, 기도, 드라마, 미술 등을 선정할 때에 사람들의 마음속 더 깊은 곳을 헤아리는 통찰력을 가질 수 있다면 예배는 더 풍성해진다.

이 세상은 우리가 교회력을 대충이라도 이해하려는 것을 막는다. 하지만 교회들이 절기와 축제를 제대로 실행하기만 한다면 주님의 이름을 축복하기 위한 놀라운 잠재력을 발견하게 될 것이다. 그러한 절기와 축제로는 다음과 같은 것들이 있다. 대강절, 크리스마스, 새해와 예수님의 이름을 높임, 주현절, 주님의 산상변모일, 재의 수요일, 사순절, 성주간(종려주일, 세족 목요일, 성금요일, 성 토요일), 부활절(토요일 철야기도를 포함한), 예수님의 승천, 오순절, 삼위일체 주일, 오순절 주간, 왕이신 그리스도 축제주일! 분명한 것은, 우리가 4주 동안 대강절을 예수님의 과거, 현재 그리고 앞으로 다시 오실 날을 영적으로 준비하며 보낸다면 물질만능적인 상품의 덫에 의해 교착상태에 빠지거나 끝나지 않는 분주함과 공허한 준비와는 다르게 성탄절의 거대한 선물을 당연하게 받지는 않을 것이다. 만약 우리가 6주간의 사순절 기간 동안 고통 받으신 예수님을 따르고, 그분이 고난으로 지불하신 우리의 죄의 깊이를 이해하고, 그분의 희생을 넘어선 정사와 권세를 인정한다면 확실히 우리는 부활절이 가져다주는 혁명적인 변화를 놓치지 않을 것이다.

  예배 속에서 주님의 이름을 축복하는 것은 다른 사람들에게 증거할 수 있도록 준비하는 것이다. 우리의 예배가 삼위일체 하나님의 언약의 은혜와 자비로우심의 면모를 더 자세히 보여 줄수록, 더 쉽게 우리는 하나님의 영광을 온 세상에 증언하게 될 것이다.

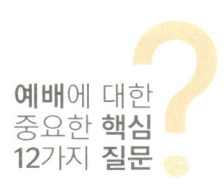

How Shall We Worship?

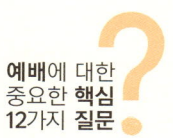

Question 04

# 무엇이 진정한 예배의 결실인가?

Question 04

## 무엇이 진정한 예배의 결실인가?

그의 구원을 날마다 전파할지어다
그의 영광을 백성들 가운데에,
그의 기이한 행적을 만민 가운데에 선포할지어다 (시 96:2b-3)

Proclaim good tidings of His salvation from day to day.
Tell of His glory among the nations,
His wonderful deeds among all the peoples. (Psalm 96:2b-3)

나의 아버지는 오르간 연주자, 찬양대 지앞에 제시되었던 시편 96편의 첫 세 행을 따로 읽을 때 생기는 한 가지 문제점은 세 행 전체가 주는 요지를 잃어버릴 수 있다는 것이다. 그러나 "계단식 평행법(staircase parallelism)"이라고 불리는 문학적 기법을 사용하여 "여호와께 찬양하라"는 반복된 구를 단계적으로 확장하여 표현을 하면 세 행이 합하여 찬양의 감동을 더해준다.

이 첫 세 행들은 2절 후반과 3절의 또 다른 세 행과 조화를 이룬다. 이 두 번째 제시되는 세 행의 세트는 두 병렬된 행에서 시작되어 셋째 행의 목적어와 간접 목적어까지 계단식으로 확장된다(영어원문에 해당함). 더 나아가, 시편 96편의 첫 여섯 행 전체(1절부터 3절)는 7절부터 9절까지 나오는 여섯 행(세 행으로 이루어진 두 세트)과 조화를 이룬다. -시편 98편은 1절부터 9절까지를 행으로 나누어 처음 9행과 그 다음 9행으로 조화를 이루고 있으며 모두 여섯 세트로 구성된다.- 이 전체적인 구조의 중요성은 우리가 여섯 세트 중 두 번째 세트(2절 후반과 3절)를 논의할 때 배가된다.

여러 학자는 시편 96편에 나타난 여섯 세트 중 첫 번째 세트에 대해 첫 세 행이 "여호와께 찬송하라"보다는 위에 나타난 것처럼 "여호와를 찬양하라"라고 해석되어야 한다고 말한다. 만약 이들의 해석이 옳다면, 첫 세 행은 2절 후반부터 3절에 나오는 구절의 의미와 일치하고, 전체 여섯 행은 우리 이웃들을 위해 하나님에 대해 말하거나 그의 이름을 송축하는 것을 일컬을 것이다. 만약 "여호와께 찬송하라"가 맞는다면, 세 행으로 이뤄진 두 세트들 사이에는 예배를 통해 하나님의 백성으로 성장하여 하나님의 구원을 온 나라에 전파하는 '믿는 자'가 되는 중대한 진전이 있게 된다.

나는 예배와 복음전도가 혼동되는 현시대에 이 같은 진전이 얼마나 중요한지 강조하지 않을 수 없는데, 그 이유는 이 혼동이 예배에 대한 많은 분열을 일으켜 예배와 복음전도 모두를 해치고 있기 때문이다. 여러 가지 요인들이 이 혼동과 오해를 일으켰는데 그 중 하나는 앞서 언급된 감소하는 숫자에 대한 두려움이다. 또 다른 하나는 소극성이 점점 더 심해지는 우리의 문화적 환경이 일부 그리스도인들을 그저 즐기기만 원할 뿐 예배를 위해 아무것도 하고 싶지 않게 만들었기 때문이다. 세 번째 관련 요인은 예배가 신도들의 전도를 위한 일차적인 도구가 되었기 때문이다. 이는 백성들이 이웃들에게 증인으로서 하나님을 보여주는 일이나 그 이웃들을 사랑하는 어려움에 참여하지 않았기 때문에 일어난 일이다.

또 한 가지 예배와 복음전도를 혼동하게 하는 요인은 과거의 역사 때문이다. 과거에 북미 지역은 크리스천 사회로 인식되었다. 대부분 지역 사회에서 거의 모든 사람이 "교회를 다녔기" 때문에 자국에서 전도하는 일에 관해 이야기하거나 생각하는 경우는 없었다. 그들에게 "전도"는 이국적인 땅에서 이교도들을 대하면서 궁핍한 환경에서 살아갈 수 있는 용감한 사람들에 의해 시행되는 일이었고 그들 스스로 이웃들을 전도할 필요가 없었다.

결국, 교회들은 수십 년간 교인들이 일상적인 전도를 할 수 있도록 준비시키는 데 실패했다. 불정확한 어휘는 이 문제를 더 가중했고, 우리는 잘못된 신학 안에서 살았다.

현재 미국에서 "교회에 간다"는 말은 가장 기본적인 어휘가 되었다. "교회"를 단순한 건물이나 1주일 중에 한 시간으로 바꿔 놓다니 이 얼마나 끔찍한 신학인가?

그것은 안 될 말이다. 대신 우리 교회 건물을 예배 센터, 성소, 찬송의 집, 혹은 또 다른 이름으로 그 장소를 인식해야한다. 그곳에서 우리는 공동체로, 성회로, 성도들로, 회중으로, 예배를 위한 하나님의 백성들로, 교육을 위해, 교제를 위해, 혹은 예배드리기 위해 모일 것이다. 이 같은 노력은 우리가 1년 365일, 하루 24시간 동안 "교회가 되도록" 인도할 것이다.

우리가 이렇게 생각한다면 우리는 모두 하나님의 사람들과 예배를 위해 모였으며 예배의 모든 초점은 하나님이심을 더 자주 기억할 것이다. 예배의 결실은 우리가 삼위일체에 대해 제대로 이해하고 성령의 힘을 힘입어 예수님의 모습으로 변화되는 데 있다. 우리가 더 깊게 그리스도의 구원이라는 복음으로 들어갈수록, 더욱 "그의 구원을 날마다 전파"하기를 열망할 것이다. 더욱 간절히 "그의 영광을 백성들 가운데에 선포"하고 싶을 것이다. "그의 기이한 행적을" 더 깨닫게 되어 이를 "만민 가운데" 선포하게 될 것이다.

나는 강연에서 예배와 복음전도의 다른 점을 설명하게 될 때 주로 남편의 학창시절 사진을 높이 들어 보여주고 그를 선생님으로, 정원사로, 나의 부족한 점을 도와주는 사람으로 자세히 묘사한다. 이는 남편 미런(Myron)에 대해 알지 못하는 사람들에게 내가 소개할 때 하는 말이다. 이것은 내가 하나님을 만나보지 못한 이웃들에게 그분을 소개할 때 쓰는 간증과 복음전도의 언어와 유사하다.

하지만 내가 긴 강연을 마치고 집에 돌아와서 남편과 대화할 때는 이 같은 소개의 말을 사용하지 않는다. 나는 남편에게 관계의 언어, 성장과 예찬의 언어, 헌신과 서약의 언어를 사용한다. 이런 언어가 예배의 언어와 같다. 예배의 언어는 하나님을 향한 찬양과 감사와 타인을 위한 간청을 직접 표현하는 것이다. 또한, 예배의 언어는 성서와 말씀에 등장하는 다양한 종들 그리고 성찬을 통해 하나님으로부터 오는 직접적인 표현이다.

이제 복음전도와 예배가 구분되었으니 이 두 가지를 연결해 보겠다.

예배와 복음전도는 불가분하게 얽혀 있으나 예배는 목표이고 복음전도는 방법이다. 하나님을 예배하는 일이 우리로 하여금 이웃에게 하나님의 사랑을 실어 나르는 자들이 되게 할 것이다. 우리가 온 세계에 하나님의 일을 증거 하는 증인이 되게 할 것이다. 만약 교회들이 진정으로 "교회가 된다"면 우리 개인의 삶이든 성도들의 공동체적 삶이든 이웃에게 나도 하나님과 저런 관계를 맺고 싶다는 강한 열망을 갖게 할 것이라고 확신한다.

> 하나님을 예배하는 일이 우리로 하여금 이웃에게 하나님의
> 사랑을 실어 나르는 자들이 되게 할 것이다.

더 나아가 만약 어떤 비 그리스도인들이 예배 시간에 찾아와(비록 그들이 하나님의 위대하심을 알지 못하기 때문에 엄밀히 말해 "예배"를 드릴 수는 없겠지만) 우리가 얼마나 기쁨으로 하나님을 찬양하고 또 얼마나 하나님의 말씀에 귀 기울이는지 목격한다면 그들도 아마 감동하여 하나님과 그를 믿는 삶에 대해 더 알고 싶을 것이다. 우리가 하나님께 감사하고 애통하며 자백하고 간구와 중보를 하고 그분을 경배하는 모습이 그들에게 매우 설득력 있게 다가갈 것이다.

또한, 진정성이 있는 예배는 간증을 통해 우리 이웃들에게 널리 퍼져 나간다. 시편 96편 2절 후반과 3절은 몇몇 병렬된 구절들을 통해 이 같은 확장을 강조하고 있다. 우리는 이 구절들에서 모든 동사("proclaim, tell')가 복수형으로 나타난다는 것을 중요하게 기억해야 한다(현대 영어 번역으로는 명확히 표현되지 않는다). 우리 모든 믿는 자들은 찬양하고 축복하고 전파하고 또 말하도록 명령을 받았다. 복음전도는 목사의 업무도 아니고 예배도 아니다. 이는 모든 그리스도인 한 사람 한 사람의 임무이다.

우리가 전파하는 대상이 "기쁜 소식(구원)"이라면 "전파"하는 것이 어려운 일이 아니므로 복음전도는 무거운 짐이 아니다. 나는 여태까지 내게 생기 없이 그

반가운 소식을 전파하는 사람을 만나보지 못했다. 좀 더 크게 본다면 우리가 언제나 그리고 모든 곳에 충만하게, 날마다 선포하게 될 하나님의 구원 소식이 이미 우리에게 주어진 것이다.

  3절 첫 행에는 우리가 "그의 영광을 백성들 가운데에 선포"하기 위해 증인되어야 할 두 가지 더 큰 측면이 등장한다. 만약 우리의 예배에서 모든 소리, 노래, 예술, 성경말씀, 설교를 이해하는 통찰력, 거룩한 침묵, 공동으로 드리는 기도, 용서, 그리고 평안 가득한 축복 등 모든 부분에서 하나님의 위엄이 충만하다면 우리는 더 많이 전할 만한 것들을 갖게 될 것이다. 그리고 우리는 그것들을 삼위일체를 접한 적이 없는 사람들에게 말하게 될 것이다. "백성들"을 나타내는 히브리어는 "고임(Goyim)"으로 이스라엘 민족이 종종 하나님을 알지 못했던 비 유대인이나 이교도를 믿는 사람들을 상징할 때 쓰던 단어이다.

  시적 병렬을 보면, 3절의 두 번째 행이 그 주제와 청중의 두 가지 측면에서 확장되는 것을 확인할 수 있다. 이제 우리는 하나님의 "기이한 행적을 만민 가운데에 선포"하라는 촉구를 받고 있다. 우리가 우리 이웃들에게 전하고 또 모든 나라에서 복음을 전파하는 전도사와 선교사들을 지원한다. 혹 어쩌면 우리 자신이 다른 선교 지역으로 갈지도 모른다. 그리고 우리가 다른 이들에게 전하는 것은 하나님께서 일하시는 모든 방법, 즉 놀라우신 우리 하나님의 헤아릴 수 없는 환상적이고 경이로운 행적들이다. 예배는 우리에게 하나님의 행하신 일들을 가르쳐주는 장소이다. 예배를 통해 성도들이 세상에 알리지 않고는 참을 수 없는 하나님 영광의 비전과 그분의 행적을 깨닫게 되기 때문에 예배는 절대 피상적일 수 없다.

성경에는 특별한 복음 전도의 사건들이 일어난 장소가 있다. 많은 그리스도인들이 생각하는 것보다는 작은 장소들이다. 한 가지 예를 들면, 사도행전 2장에 베드로의 주요 복음 전파 설교가 등장하는데 이 설교를 통해, 제자들과 함께 추가적인 논쟁을 한 후 많은 사람이 믿음으로 나아오는 것을 볼 수 있다. 새롭게 믿음을 얻은 사람들은 즉각적으로 그리스도인으로 삶을 사는 방법에 참여하였다. 그들은 변함없이 사도의 가르침에 몰두하였고 교제하고 식사를 나누었으며 기도했고 기사와 표적을 나타내며 재산과 소유를 재분배하고 예배드리기를 지속했다(사도행전 2:42-47). 이런 삶의 방식을 통해 더 많은 사람이 믿음으로 나아왔다. 세 가지 복음전도의 수단들은 총체적인 증거들로써 베드로의 설교, 추가적인 논의 그리고 주위 사람들이 놀라고 감탄하는 하나님의 은혜로 받아들인 삶의 방식이다.

이런 "믿음 공동체의 공동생활"이 주요한 전도 도구라는 것을 깨닫지 못하는 것이 오늘날의 교회들이 가진 중대한 결함이다. 우리 이웃들은 믿음을 보증해 주는 크리스천 삶의 방식을 보아야만 한다. 그러므로, 우리의 예배는 날마다 삶에서 증거를 줄 수 있는 하나님의 광채로 부요해져야 한다.

이를 위해서는 우리가 문화적으로 잘못 해석해 온 교회의 의미에서 벗어나 몇 가지 주요한 패러다임을 변화시켜야 한다. 순수한 성경적 이해야말로 중요한 방식에 대해 철저히 반 문화적이 될 수 있다.

> 우리의 예배는 날마다 삶에서 증거를 줄 수 있는 하나님의 광채로 부요해져야 한다.

예를 들면, 우리 문화에서는 사람들이 각자 자신이 원하는 것을 선택한다는 소비주의를 들 수 있는데, 교회 또한 각자의 필요와 만족에 맞춰 선택할 대상이라고 지배적으로 인식하는 것이다. 하지만 성경적 관점에서 성도의 공동체는 사람의 선택이 아닌 거리의 근접성에 따라 정해지는 것으로 로마 가톨릭교에서 여전히 사용하고 있는 "교구"와 같은 개념이다. 이웃들과 함께 그리스도 안에서 형제자매로 함께 살아가는 것을 배우게 되었을 때 점진적으로 온 공동체가 일상생활 전도를 위해 변화하는 결실을 보게 된다. 우리 예배가 하나님의 임재로 가득 채워져서 우리의 일상생활에서 간증이 되어야 한다. 만약 우리가 정말 21세기의 우리 이웃들을 위해 진정한 교회가 되기 원한다면, 이러한 선택을 강조하는 우리 사회의 전환이 필수적이다.

우리는 즐거운 "예배" 행사로 단순히 이웃들의 마음을 끌어낼 수는 없다. 진정으로 필요한 것은 우리에게 막대한 손해가 생기더라도 그들을 마음 깊이 사랑하는 것이며 이 시대에 하나님을 알지 못하는 수많은 사람들의 제자화를 위해 멘토로 준비되는 일이다.

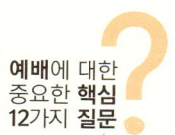
예배에 대한 중요한 핵심 12가지 질문

Question 05

어떤 우상들이
참되신 하나님을
예배하지
못하게 하는가?

### Question 05
# 어떤 우상들이 참되신 하나님을 예배하지 못하게 하는가?

여호와는 위대하시니 지극히 찬양할 것이요
모든 신들보다 경외할 것임이여
만국의 모든 신들은 우상들이지만
여호와께서는 하늘을 지으셨음이로다 (시 96:4-5)

For great is the LORD, and greatly to be praised;
He is to be feared above all gods.
For all the gods of the peoples are idols,
But the LORD made the heavens. (Psalm 96:4-5)

초기 기독교인들의 모습을 살펴봄으로써 우리는 예배에 관해 많은 것을 배울 수 있다. 이는 그들을 둘러싸고 있던 문화와 21세기 북미에 사는 우리의 문화가 여러 방면에서 유사하기 때문이다. 그때나 지금이나 인구가 매우 다양했고 사람들의 "영성"은 모든 종류의 신들에게 집중하는 것으로 간주되었다. 주전 1세기에 존재하던 이교도 신앙들은 최근 다시 소생되고 있다. 많은 수의 초기 기독교 이단들 역시 일부 학자들과 평신도들이 그리스도의 신성을 부정하거나 여신숭배를 옹호하고, 또는 구약에 적힌 기독교의 중요 근간들을 은연중에 포기하면서 다시 나타나고 있다. 주일 경배의 장소가 골프장이거나 등산로 그리고 스키장인 사람들에 의해 고대 자연숭배도 다시 살아났다. 예수께서는 재물의 신 맘몬을 가장 강력한 우상 중 하나라고 하셨고 이는 지금도 여전하다.

초기 기독교인들은 로마의 판테온(pantheons), 그리스의 신들, 로마 제국에 있던 화신들과 같은 다른 신들에 대한 충성으로 둘러싸여 살았다. 이와 유사하게 현재 북미 사회도 세계 각국에서 기인한 종교들로 홍수를 이루고 있다. 또한 민족국가에 대한 우상화로 인해 초강대국의 정치적인 남용 및 경제적인 압박과 약소국들의 인종배척이 발생했다.

우리는 성경을 통해 초대 교회의 예배가 세도를 부리는 우상들에 노출되어 있었고 이를 몰아냈던 것을 알 수 있다. 요한계시록은 땅의 임금들이 그 칭호를 취하고 있다고 할지라도 예수 그리스도가 주님이심을 역설하고 있다. 바울은 신자들이 예배를 위해 모였을 때 헌금을 모음으로써 맘몬을 "반 신성화" 또는 "비 신성화" 할 수 있다고 구체적으로 제시했다. 다른 성경 본문을 보면 특정 종교 지도자들은 해임되었고(오늘날도 목사, 예배 인도자, 또는 음악가들이 카리스마 넘치는 인격을 우상화하는 것이 사라져야만 한다.) 그리스도가 십자가에 죽으심이-사람의 성공이 아닌- 설교의 주제가 되어야 한다고 말하고 있다.

## 저항과 면역

시편 96편 4-5절은 우리들에게 21세기에 예배를 위협하는 우상들에 어떻게 저항할 수 있는지에 관한 훌륭한 지침을 제공한다. 또한 둘째 행은 빠르게 퍼지는 우상들의 침투를 막을 수 있도록 항체를 형성해줄 예방접종과 같다.

위에서 살펴 본 것처럼, 예배는 하나님을 위한 것이다. 예배는 "여호와는 위대하시니 지극히 찬양할지어다"를 인식하는 것과 그 분이 받으시기에 합당하신 찬양을 올려드리기 위해 함께 모여 그분의 위대하심에 응답하는 것이 중심이 되어야 한다. 만약 공동체가, 그리고 지체인 우리 개인들이, 주님의 위대하심과 찬양받기 합당하심에 온전히 집중한다면 나 자신이라는 우상, 안락과 편안함이라는 우상, 예배 인도자의 신격화, 인간의 취향과 선호, 그리고 성공이나 힘을 상징하는 모든 신들에 대해 저항하게 될 것이다.

> 예배는 "여호와는 위대하시니 지극히 찬양할지어다"를 인식하는 것과 그 분이 받으시기에 합당하신 찬양을 올려드리기 위해 함께 모여 그분의 위대하심에 응답하는 것이 중심이 되어야 한다.

우리에게 우상을 이겨낼 면역력을 제공하는 믿음의 한 부분은 "모든 신들보다 경외할 것임이여"로 설명되는 성경적 관점의 두려움이다. 현 포스트모던 시대는 하나님을 향한 진정한 "두려움"이 부족한 것 같다. 내가 이 두려움을 인용부호를 사용해 설명하는 이유는 이 "두려움"은 구약 성서에 사용되는 "무서움"을 의미하는 것도, 단순히 경외감과 존경만을 나타내는 것도 아니기 때문이다. 성경 저자들은, 특히 시편과 잠언에서 "하나님을 두려워하는 것"이 "지혜의 근본"이라 하였다. 그들은 또한 하나님 앞에서 우리의 자격 없음을 깊게 깨닫는 것을 명시하였고 그 깨달음으로 말미암아 우리가 하나님의 은혜로운 사랑과 변함없는 자비를 당연하게 여겨 마치 우리가 받을 자격이 있다거나, 스스로 이를 얻을 수 있다거나, 혹은 이를 갚을 수 있다고 생각지 말아야 한다고 이야기했다.

만약 우리가 하나님과의 관계 안에 있는 사랑과 두려움의 영적 긴장을 명확히 이해하고 마음에 강하게 새긴다면 예배 속에 존재하는 우상 숭배의 전염병을 이길 수 있는 믿음의 항체들이 더 증가할 것이다. '포스트 크리스천(post-Christian)'과 관용적인 세계의 시대를 사는 우리는 너무나 자주 사랑과 두려움의 변증법적 긴장에서 어느 한 쪽만을 과도하게 강조하고 있으며 이로써 성경에서 이야기하는 중요한 사랑과 두려움의 조화를 놓치고 있다.

예를 들어, 시편 전체를 통해 시편 기자들은 자연 속에서 일하시는 하나님의 능하심이나 죽음에 대해 불가피하게 갖는 심오한 두려움과 그들이 사모하는 주님의 사랑의 서약이라는 이 두 가지 모두를 함께 이야기 하고 있다. 이와 유사하게 사도바울도 로마서 8장에서는 세상 어떤 것도 하나님 안에서 이뤄진 그분의 사랑에서 우리를 떼어낼 수 없다는 진리의 말씀에 기뻐하였지만, 로마서 7장에서는 피할 수 없어 보이는 죄의 사슬에 대해 고뇌하였다.

우리가 먼저 심판자의 의로운 분노를 받을만한 사람들이며 죽임을 당해도 마땅한 사람들임을 깨닫지 못한다면 우리는 하나님 사랑의 놀라운 은혜에 조금도 감사하지 못할 것이다. 이와 같이 적절한 "두려움"이 없다면 하나님께서 우리를 용서하신 것을 아무렇지 않게, 그리고 당연하게 여길 것이다. 실제로는 모든 것이 하나님의 은혜로 얻게 된 것임에도 우리들은 무덤덤하게 자신이 그리나쁘지 않은 사람이라 생각할 것이다. 그것은 하나님의 은혜를 값싸게 만드는 것이다.

> 우리가 먼저 심판자의 의로운 분노를 받을만한 사람들이며
> 죽임을 당해도 마땅한 사람들임을 깨닫지 못한다면 우리는
> 하나님 사랑의 놀라운 은혜에 조금도 감사하지 못할 것이다.

그러나 전혀 희망이 없고 완전하게 타락한 우리를 전적으로 마주하게 될 때, 비로소 경외감과 떨림으로 우리를 향한 하나님의 헤아릴 수도, 이해할 수도 없는 고결한 사랑을 알게 되는 것이다. 하나님께서는 언제라도 우리를 무시하거나 멸하실 수 있다. 이러한 것은 우리가 당해도 마땅한 일이다. 하지만 주님은 그렇게 하지 않으신다. 그것이 그 분의 은혜이다. 삼위일체 하나님의 성품은 어떤 상황에나 늘 변함없이 신실하시다. 오직 끊임없이 두려움과 사랑을 겸비함으로 하나님을 참되게 예배할 수 있다.

## 예배 우상들

우리는 합당한 두려움과 사랑으로 이뤄진 예방접종을 받아 우상들에 강하게 맞서야 한다. 이는 "만국의 모든 신들은 우상들"이며(시편 96:5) 그 문화적 우상들이 교회와 예배 속으로 끊임없이 침투하는 경향이 있기 때문이다. 특정한

역할들을 우상화하는 경향 때문에 예배 문제에 대해 교회들이 직면하고 있는 많은 분쟁들이 더 악화된다. 우리는 위에서 그 분쟁에서 상징성을 갖는 용어들에 대한 부적절한 이해로 인해 "전통적인" 것과 "현대적인" 우상 숭배들을 살펴보았다.

새로운 예배 자료들은 종종 교파적인 찬송가인지 또는 이미 오래된 음악인지 구분되지 않아서 그 시대 최고의 장르가 사용되어질 수 있으나, 신중해할 것은 우리 문화가 무엇이든지 새로운 것을 우상 숭배한다는 점이다. 반면에, 많은 이들이 몇몇 지나간 시대의 찬송과 양식들을 사용하고 있는데, 지나치게 감성주의에 빠져있는 것을 알지 못하면서도 오래된 것들을 신성화하기도 한다.

이 장에서 변증법적 모순들을 길게 나열해 보겠다. 가끔은 예배를 분열시키는 자들이 한쪽 면만 옹호하는 경우가 있으나 양쪽 면 모두 예배에 꼭 필요하다. 다음은 몇 가지 주요한 예시들이다.

 교회 안에 나타나는 많은 우상숭배들은 우리 사회의 소비만능주의에서 기인되었다. 일부 사람들은 하나님을 열정적으로 예배하려는 것보다 스스로 즐거워지고 기분이 나아지며 편안함을 얻으려는 목적으로 예배에 나아온다. 때론 열정적인 예배로 평안함을 느껴야 하는데 말이다. 가까운 예로 우리는 우리의 예배의 청중이신 하나님께 최선의 예배를 드릴 수 있도록 무대를 만들어가기보다 예배인도자나 설교자들이 좋은 공연을 제공해줄 것을 기대하는 것이다. 또한 일부 교회들은 성령의 힘과 하나님 말씀의 진리를 의지하는 대신 관심을 끌기 위한 방법과 기술에 의존한다.

 우리 문화 내 외적인 것에 대한 우상은 종종 다음과 같은 형태들로 교회에 침투한다. 지도자들의 외모, 화장과 옷에 대한 과도한 관심, 예배 "쇼"의 전문성, 교회의 건물이나 가구, 예술 장식, 악기의 호화로움, 공동체의 크기, 예배에 참여하는 인원이 증가하는 속도, "양 훔치기" 혹은 "전도보다는 확장주의"를 사용해 주변 교회들의 모임 숫자를 능가하는 것,[8] 큰 교파나 큰 지역 시설을 기준으로 성공을 인식하는 것, 제공하는 프로그램의 규모, 예배 선택의 다양성, 최신 기술이 사용되는 정도, TV로 방영되는 예배의 인기, 그 곳에서 예배드리는 사람들이 갖는 위신, 예배 중 재미 등이다. 조지 헌스버그(George Hunsberger)는 이와 같은 신성화에 대해 공동체가 "전도를 위해 보냄 받은 사람의 모임"이 아니라 "종교적 서비스와 물건들을 파는 곳"의 역할을 하고 있다는 공통적인 문제점을 정확히 언급했다.[9]

　우리가 사회 속에서 소비자로서의 사고방식을 형성했기 때문에, 우상 숭배에서 벗어나는 것은 거의 불가능하다. 우리는 자신을 기쁘게 하는 것들을 선택하는데 우리 삶을 사용하고 있다. 따라서 하나님을 기쁘시게 하는 것을 찾는다는 것은 확실히 반 문화적인 것이다. 그러므로 교회가 다양한 예배를 선택하도록 제공하며, 사람들이 교회를 쇼핑하는 경향을 조장하지 말아야 하는 중요한 이유가 여기에 있다. 그렇다면 다양한 사람들과 지체를 이루는 법을 배우고 그러면서도 각자가 서로 다른 음악을 배우며 온전히 하나님을 찬양할 수는 없을까? 끊임없이 새로운 믿음 표현 방식을 배우면서도 초대교회가 예배를 발전시켜온 그 방법을 발견할 수는 없을까? 우리 자신의 우상을 숨기기 위해 다른 사람의 우상들을 드러내 없애려는 권력 싸움을 그만 둘 수는 없을까?

　진정한 예배를 위해 우상들과의 전쟁을 실행하는 것은 일상생활에서 만나는 우상들과도 저항할 수 있도록 교회의 성도들을 무장시키는 것이다. 돈, 권력, 명예, 소유, 기술, 장난감, 성적인 "자유", 그리고 자기 자신을 신성화하는 것이 가득 찬 이 문화에서 이에 대항하고 견뎌내기 위해서 그리스도인들에게 필요한 것은 주님의 위대하심이다.

> 진정한 예배를 위해 우상들과의 전쟁을 실행하는 것은 일상생활에서 만나는 우상들과도 저항할 수 있도록 교회의 성도들을 무장시키는 것이다.

우리가 예배에서 읽는 말씀은 위에 나타난 우상들을 공공연하게 드러내 그 신들을 지속적으로 폭로한다. 말씀 전하는 자는 설교를 통해 교인들이 우상들을 무력화하도록 준비시킬 수 있다. 예배를 통해 우리 안에서 충만해지는 성령님의 능력은 우리가 이 우상들에게서 승리할 수 있도록 도와준다. 이 세 구절은 골로새서 2장에 그려진 모든 통치자와 권세를 이기는 그리스도의 모범에서 따온 것이다. 예배의 다른 구성 요소들은 우상의 세력을 정복할 또 다른 방식들을 제공한다. 예를 들면 헌금은 지속적으로 맘몬을 무너뜨리는 것이다.

## 하나님은 다른 모든 신들을 이기셨다

우상에 대한 내용을 결론지을 때 하나님께서 만국의 모든 신들로부터 완전하게 승리하셨다는 것을 정확하게 인식하는 것이 중요하다. 시편 96편 5절 후반은 "여호와께서는 하늘을 지으셨음이로다"라고 선포함으로써 직접적인 실마리를 주고 있다. 우상을 몰아내기 위한 첫 번째 방법은 우상들이 실제로 존재하지 않는 것임을 인식하는 일이다. 신이 될 수 있는 단 하나의 존재는 언약자이며 창조주이신 우리 하나님뿐이다. 다른 신들이 우리의 주목을 끌 수는 있겠지만 그들은 단지 어떤 물건, 아이디어, 사상, 기술적 장비, 세상 권력, 거짓된 것일 뿐이다. 온 우주는 오직 유일하신 하나님께서 창조하셨다. 오직 삼위일체로 나타나신 한 분만이 우리의 찬양과 경배를 받으시기에 합당하시다.

두 번째로, 예수 그리스도께서는 그분의 철저한 구원의 역사를 통해 모든 통치자와 권세자들 그리고 신들을 완전히 정복하신다. 죽음이라는 마지막 원수까지 그 분의 빈 무덤에서 무너뜨리셨다. 재물의 신, 정치의 신, 종교적 권세의 신, 그릇된 길로 가는 기관, 그리고 이기적인 욕심의 모든 우상들이 고난과 열정, 연민과 죽음이라는 그리스도의 전 생애 안에 드러났다.

셋째로, 성령님께서는 우리들에게 우상들을 완전히 전멸시킬 권세를 주셨다. 우리는 이미 모든 권세에 대항해 설 수 있는 진리의 허리띠를 받았다. 전신 갑주의 다른 무기들도(에베소서 6장) 우리에게 주신다. 교회의 예배와 우리 일상을 위협하는 우상들로부터 이겨내기 위해 필요한 모든 것들을 주신다. 우리가 속한 교회들은 예배를 통해 하나님의 권위와 그분의 부르심에 대해 진심으로 헌신하여 모든 우상들을 이기고 제압하여 물리쳐 낼 수 있도록 우리를 준비시키고 있는가?

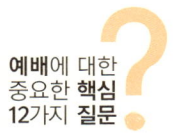

Question 06

# 하나님의 창조물은 예배에 관하여 무엇을 말하는가?

Question 06

# 하나님의 창조물은 예배에 관하여 무엇을 말하는가?

여호와께서는 하늘을 지으셨음이로다 (시 96:5b)
But the LORD made the heavens. (Psalm 96:5b)

여호와께서 우주를 창조하셨다는 언약에 관한 시편기자의 선언은 간접적으로 예배 인도자들이 고려해야 할 두 가지 중요한 사항을 알려주고 있다. 조금 전에 살펴본 우상들이 거짓의 특성을 가졌다는 것과는 반대로 하나님의 창조는 진실하다는 것이다. 즉, 모든 창조는 그 형태와 기능이 일치하고, 그 부분들이 전체와 일관성을 갖는다는 것이다. 이것은 우리에게 어떻게 예배를 준비하고 어떻게 예배를 드려야 하는가에 관한 훌륭한 지침을 제공해 주는 것이다.

이 원리를 최대한 잘 설명하기 위해 좋은 사례와 나쁜 사례를 각각 들어보겠다. 내가 한 캐나다 교회에서 말씀을 전한 적이 있다. 예배 기획자가 내가 만든 찬양 "서두름과 분주함으로부터 나아오라(Come Away from Rush and Hurry)"를 부르기로 했다. "비치 스프링(Beach Spring)"의 멜로디를 딴 이 곡의 첫 구절은 다음과 같다.

> 서두름과 분주함으로부터 나아오라
> 하나님이 주시는 평안의 고요함으로
> 헛된 욕망이 주는 염려로부터 나와

묶임을 풀어주시는 주께 나아가자
소음과 아우성으로부터 나아오라
삶의 요구들과 광적인 속도에서부터
여기 모인 자들과 더불어 나아오라
하나님의 얼굴을 구하고 찾기 위하여

Come away from rush and hurry
to the stillness of God's peace;
From our vain ambition's worry,
come to God to find release.
Come away from noise and clamor,
Life's demands and frenzied pace;
Come to join the people gathered
here to seek and find God's face.

당신은 이 가사가 쿵쿵거리는 드럼 소리와 함께 불리는 것을 상상할 수 있겠는가? 예리하고 강한 타악기의 두드리는 소리는 예배자들을 "서두름과 분주함으로부터" 하나님이 주시는 평안의 고요함으로, "소음과 아우성으로부터" 그리고 "광적인 속도로부터" 나아오게 할 수는 없었다.

솔직히 말하면 나는 그때 조금 화가 났다. 가사와 모순된 방법으로 연주된 음악은 예배자들이 원래 노래의 메시지로부터 속은 것처럼 연주가 되었다. 그리고 그들이 이 경험을 통해 진정으로 느낀 것은 "서두름과 분주함, … 소음과 아우성"에서 벗어나는 것이 불가능하다는 것이었다.

두 번째 예배에서는 내가 그 찬양을 인도하기로 자원했고 대신 연주자들에게 자리에 앉아 찬양에 참여하도록 권면했다. 나는 내가 할 수 있는 한 가장 부드럽게, 가능한 한 다른 반주 없이 피아노로 찬양을 연주했다.

회중들이 이 찬양의 세 구절을 부르고 난 후에 긴 침묵이 이어졌다. 그 때 한 여성이 "이 찬양을 다시 부를 수 있나요?"라고 요청했다. 나는 다른 성도들에게 이에 동의하는지를 물었고, 예배를 드리던 이들은 "좋습니다"라고 대답했다. 그들은 서두름과 분주함으로부터 나아와 얻을 수 있는 하나님의 평안에 목말라 있었다.

나는 이 사례를 통해 우리가 드럼을 써서는 안 된다고 말하거나 특별한 찬양이 주는 상대적인 장점을 말하는 것이 아니다. 나의 요지는 단지 일관성과 적합성이 중요하다는 것이다. 찬양을 통해 우리가 말하는 바는 그 곡이 연주되는 방식과 일치해야 한다. 하나님의 위엄을 찬양하기 위해서는 장엄한 리듬이 필요하고, 그리스도의 열정과 죽으심을 노래하기 위해서는 애통함이 있어야 한다. 라틴계 민요가 주는 즐거움은 리듬 악기에 의해 배가되고, 아프리카계 미국인의 영가(spirituals)는 고통어린 그들의 기원을 기억하는 방식으로 노래되어야 한다.

> 찬양을 통해 우리가 말하는 바는 그 곡이 연주되는 방식과 일치해야 한다.

시편 96편 5절 하반절이 예배 인도자에게 주는 두 번째 교훈은 시편 기자가 하나님을 창조자 여호와라는 언약의 이름으로 부른다는 데 있다. 이는 창조 안에 어떤 관계가 존재함을 암시한다. 하늘은 변함없는 신실하신 성품을 지니신 분에 의해 만들어졌다.

모든 예배 인도자들의 창작품 역시 이 같은 성격에 의해 뒷받침되어야 한다. 우리는 우리 자신을 표현하거나 높이기 위해서 음악적 재능, 설교, 기도, 또는 다른 어떤 것도 사용하지 않아야 한다. 우리의 노래와 설교 그리고 중보기도는 하나님을 경배하기 위해서 또 모든 예배자의 영적인 부요함과 교화를 위해서 사용되어야한다. 또한 이 같은 은사들도 우리를 향한 끊임없고 변함없으신 주님의 사랑과 신실하심에서 흘러 넘쳐야한다. 따라서 창조된 하늘까지 하나님께 영광을 돌리는 것같이 우리의 지도자들의 예배는 참여하는 몸된 지체들이 그분을 더 전적으로 찬양하도록 도와야 한다.

우리는 시편 기자가 주님의 창조에 관해 언급한 내용을 통해 두 가지 다른 교훈을 더 이끌어 낼 수 있다. 첫 번째 교훈은 가능한 많은 성도들이 그들의 창작품으로 그들의 예배에 기여하기를 소망해야 한다는 것이다. 우리의 자녀들을 격려해서 그들의 예술작품으로(예를 들면 주보 표지, 배너 또는 꽃장식 같은 작품들) 예배에 기여하도록 할 수 있겠는가? 더 많은 젊은이들이 악기를 연주하고, 합창단에서 찬양을 하고, 종을 울리고 찬미가를 부르면서 예배에 참여하게 할 수 있겠는가? 교회 성도들이 성찬의 떡을 담는데 사용될 도자기를 굽고, 꽃을 기르고, 십자가를 조각하고, 제단을 새기고, 방석에 자수를 하고, 성직자의 제복을 만들 수 있겠는가? 온 가족들이 좌석을 안내하고, 음향 장비를 다루며,

성극을 연기하고, 회중에게 새로운 세계적 음악을 가르쳐 줄 수 있겠는가?

펜실베이니아 주에 있는 한 멋진 교회 건물에서는, 어르신들이 자수 모임에 참여하여 성전의 모든 좌석과 제단 앞 난간에 놓을 방석들을 만든다. 또한 온 성도가 함께 연중 매 절기마다 주요한 상징을 담은 방석들을 만든다. 미국 중서부에 있는 한 교회에는 각 예배에서 젊은이들과 어르신들로 함께 구성 된 오케스트라가 다양한 악기들을 연주한다. 우리 교회의 예배에서는 어떻게 모임에 참여한 사람들에게서 더 많은 재능을 이끌어 낼 수 있겠는가?

우리 문화 내에 과학기술이 우리를 압도하고 있다는 점에서 마지막으로 짚고 넘어가고 싶은 것이 있다. 과학기술은 우리를 단순히 "상품"을 생산하는 "장치들"에 "집중"시켜 "행위들"을 대체하도록 만드는 경향이 있다.[10] 음악 반주라는 상품을 생산하기 위해 백업 테이프 장치를 구입하는 것과 하나님께 찬양드릴 때 부를 음악을 우리 자녀들과 함께 훈련하여 만들도록 하는 것 사이에는 엄청나게 큰 차이가 있다. 전자가 녹음 회사의 상품이라면 후자는 예배자들이 드리는 찬양의 제사이다. 하나는 과학기술이고 다른 하나는 창조이다.

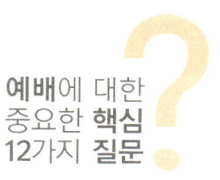

예배에 대한
중요한 핵심
12가지 질문?

How Shall We Worship?

Question 07

# 우리가 예배하는 하나님은 정말 크신 분인가?

Question 07

## 우리가 예배하는 하나님은 정말 크신 분인가?

존귀와 위엄이 그의 앞에 있으며
능력과 아름다움이 그의 성소에 있도다 (시 96:6)

Splendor and majesty are before Him,
Strength and beauty are in His sanctuary.(Psalm 96:6)

　예배에서 사용하는 기술적인 장치에 대해서 내가 염려하는 바는 날이 갈수록 만연하게 퍼져가는 기술적인 세계의 본성이 하나님을 대체하고 있기 때문이다. 계몽주의 시대에 초기 과학자들은 대부분 신자들(최소한 그들은 종교상의 언어를 사용했다)이었는데 그들은 모두 하나님께서 자신들의 탐구정신과 과학적인 프로젝트를 사용하셔서 하나님의 창조세계를 다른 사람들보다 잘 이해하도록 그들을 부르셨다고 믿었다. 또한 진보된 현대 기술은 일반적으로 인류의 짐을 덜어주고 건강과 풍족한 삶을 위한 목적아래 주로 개발되었다. 그러나 21세기를 살고 있는 지금 많은 과학자들은 하나님 행세를 자처하며 임신 중절 약이나 인간게놈 혹은 복제프로젝트 같은 것들로 윤리적 불명예를 떨치고 있다. 마찬가지로, 북미에서 발달한 기술은 하나님의 창조세계의 복잡한 균형에 위협을 가해왔는데 이에 따라 문화전반에 나타나는 반응은, 인간이 만일 "즉효 기술 약(quick fix technique)"을 발견한다면 우리에게 직면한 모든 문제를 한 방에 해결할 수 있을 것이란 기대로 부풀렸다. 이런 흐름에서 과연 더 이상 하나님을 필요로 하는 사람이 있을까? 예를 들어 인간은 홍수를 막거나 조절하기 위한 기술 발전의 폭풍 가운데 "하나님의 활동"에 거스를 만한 것들을 개발해 왔다. 이런 것에는 자연 저습지 위에 세운 많은 건물들과 또는 물의 흐름을 하류에서 상류로 바꾸는 기술 개발 등이 있다.

> 예배에서 사용하는 기술적인 장치에 대해서 내가 염려하는 바는 날이 갈수록 만연하게 퍼져가는 기술적인 세계의 본성이 하나님을 대체하고 있기 때문이다.

세계적인 갑부이며 마이크로소프트(Microsoft)사의 천재인 빌 게이츠(Bill Gates)는 공공연하게 종교는 "매우 비효율적이다"라고 말하며 그는 일요일 아침에 할 수 있는 더 가치 있는 일이 많다고 주장했다. 기술 환경을 우상화하는 많은 이들은 너무도 바빠서 하나님께 신경 쓸 겨를도 없다. 주일 아침에 "예배에 참석해 주는 것"만으로도 하나님께 큰 호의를 베푸는 것일 수 있다.

많은 교회들이 그런 종류의 사람들을 복음에 참여시키기 위해 고민하고 있고 대부분의 교회들은 그들을 끌어들이기 위한 방법으로 기술적인 기교를 사용한다. 그렇다면 이것은 오는 사람들을 기쁘게 하기 위한 것이지 정말 하나님의 영광을 드러내기 위한 것이 아니다.

누군가 나를 기술혁명을 무서워하며 흐느끼고 있는 "러다이트(Luddite)"(영국에서 산업혁명이 초래할 실업의 위험에 반대해 기계를 파괴하는 등 폭동을

일으킨 직공단원이다: 역주)라고 생각할지도 모르지만 내가 여기에서 의도하고 있는 바는 이 책의 독자들이 좀 더 바람직한 질문을 하도록 자극하기 위함이다. 예를 들어 이런 질문들이 있다. 우리가 예배 때 사용하는 모든 장치들이 예배 자들에게 하나님을 바르게 예배하는데 있어 정말 물리적으로 정신적으로 영적으로 제대로 작용하고 있는가? 우리의 기술이 만들어내는 광경들이 진정으로 주님의 "존귀와 위엄"을 보여주고 있는가? 혹시 현대와 기술이라는 우상으로 전락한 것은 아닌가? 예배 참여자들의 마음과 삶을 변화시키는 것은 성령님이라는 사실을 믿는가? 혹시 우리가 믿는 것이 리더십의 기술이나 현란한 미디어 장치는 아닌가? 복음전도를 위한 예배에서 기술적 장치를 활용하는 것이 더 효과적일까? 아니면 기술적인 매혹의 위험과 참된 하나님만의 "존귀와 위엄"을 동시에 분별할 수 있도록 개인적인 대화에 더 초점을 맞추어야 하는가? 우리는 앞서 4장을 통해 예배와 복음전도가 혼동될 때 초래되는 손상에 대해 주목했다. 소위 밀레니엄을 사는 젊은 세대들을 위해서 예배는 모든 종류의 자극적인 효과들로 "적절하게" 채워야 한다는 발상이 내게는 위험천만하게 들린다. 이러한 위험성에 대해 토니 존슨(Tony Jones)은 그의 저서 "책과 문화(Books and Culture)"에서 다음과 같이 지적하고 있다.

> 가상현실이 가상에서 실제 현실처럼 되어감에 따라 점점 더 많은 사람들 특히 젊은 세대들이 이런 종류의 무지를 그대로 수용하고 있다. 예를 들어 가족이나 학교 또는 관계와 직업보다는 영화와 게임 안에서의 삶을 사는 형국

> 이다. 감사하게도 우리는 '완전한 실재(reality)로 우리의 현실에 침투한' 주님의 삶과 말씀을 따를 수 있다. 우리 십대들에게 필요한 것은 실재이다. 세상에게 필요한 것 또한 실재이다.[11]

마찬가지로 "The God-bearing Life: The Art of Soul Tending for Youth Ministry"의 저자는 청소년들이 이미 넘쳐나는 "초월 시뮬레이션"을 경험했다고 주장한다.[12] 어떤 학자들은 젊은이들이 참된 초월성과 신비 그리고 신앙의 뿌리를 찾아 나설 때 전통신앙으로 돌아온다는 사실을 지적한다. 10대와 20대 그리고 30대 계층의 사람들과 대화를 나누며, 내가 확신했던 바는 그들이 더 이상 스크린을 원하지 않는다는 것이다. 그들에게 진정으로 필요한건 신실하게 예수님을 따라 사는 헌신적인 그리스도인과의 깊고 진실한 교제이다.

"주님 앞에 있는 존귀와 위엄"을 보여주기 위해서 우리가 할 수 있는 최상의 방법은 무엇일까? 요즘 젊은이들은 웬만해서는 쉽게 놀라지 않는다. 이미 재기 넘치는 화려함과 환상적인 멀티미디어 현상의 짜릿한 힘에 적응되어버린 그들에게 흥미를 주기 위해 예배가 제공할 수 있는 것이 있을까? 만약 흥분과 짜릿함만이 그들의 세계에서 인기가 있는 표현이라면 우리가 예배하는 주님에 대해 과연 그들이 흥미를 가질까?

시편 96:6a절은 우리에게 몇 가지를 제안하고 있다. 우리는 하나님 안에서 뭔가 흥미로운 것들을 제조해내지 않는다. 그저 단순히 예배를 통해 하나님이 누구신지 표현하고 반영할 뿐이다! 예를 들어 마태복음 17:1-8, 마가복음 9:1-8,

누가복음 9:28-36에서 그리스도의 변형을 통해 나타나는 혹은 다른 모든 성경 본문들과 예배하는 그리스도의 몸된 사람들 안에서 드러나는 하나님의 존귀하심을 생각할 때 그것이 결코 시시하지 않고 도리어 엄청난 것이라는 사실을 깨닫는다. 하나님의 존귀하심에는 위엄이 있다. 하지만 군림하는 것은 아니다. 하나님의 존귀하심은 탁월하게 우리를 위로해준다. 또한 경외를 이끌어내는 방법으로서 영예롭다. 하나님의 존귀하심의 광채는 단지 표면적으로 빛나는 것이 아니라 예를 들어, 예수께서 가장 극악한 죽음으로 고통당하시는 순간까지도 남아있던 광채이다. 특별히 누가복음 23:33-49과 요한복음 19:23-27에 따르면 하나님의 긍휼의 광채는 그분이 고통 받으시는 그 순간까지 찬란하게 빛나고 있었다.

> 우리는 하나님 안에서 뭔가 흥미로운 것들을 제조해내지 않는다. 그저 단순히 예배를 통해 하나님이 누구신지 표현하고 반영할 뿐이다!

비슷하게 시편의 용어 "위엄"은 삼위일체의 독특성을 암시해준다. 삼위일체의 위엄은 과장하지 않아도 위대하고, 편견 없이 뛰어나며, 오만함 없이 당당할 뿐만 아니라 고결하면서도 강제적으로 우리의 주목을 요구하지 않는다. 단순한 사실은 하나님은 하나님이시고 그것으로 우리의 관심을 끌기에 충분하시다는 것이다. 만약 우리의 예배가 하나님을 있는 그대로 보여준다면 현란한 장치는 없어도 된다. 하나님의 중요성은 논란의 여지가 없다. 우리가 인정하든 안하든 간에(특별히 안할 때에 더욱) 하나님을 갈망하는 것이야말로 인간이 가진 기본적인 사실이다. 스스로에게 물어보자, 우리가 정말 예배를 통해 참된 삼위일체 하나님을 제대로 만나고 있는지 말이다.

## 변증법적인 모순(Dialectical Opposites)

하나님은 무한히 흥미롭고 눈부시게 찬란할 뿐만 아니라 또한 그분 안에서 스스로 많은 대조들을 담아내고 계신다. 비록 학자들 사이에서 시편 96:6의 두 번째 구절에 대한 해석이 분분하지만 어떤 학자들은 두 용어를 동의어로 다루고 다른 학자들은 상보적 관계로 본다. 우리가 "능력과 아름다움이 그의 성소에 있도다"에서 대조를 인식한다면 우리의 예배가 보다 더 깊어질 것이라고 나는 믿는다. 종종 강한 것은 아름답지 않고 아름다운 것은 깨지기 쉬운 것으로 여겨진다. 때때로 강함은 아름다움을 파괴하는 인상을 주고 아름다움은 강함을 해체하고 무력하게 만드는 인상을 준다.

하나님은 우리가 이해할 수 없는 많은 변증법적 모순들을 자신 안에 담아내고 계신다. 강함과 아름다움, 맹렬한 노와 사랑, 힘과 부드러움, 약함과 전능함 등이 그 예다. 예배야말로 끊임없이 우리를 생기있게 하며 우리의 생각을 일으켜주는데 그것은 하나님 안에 있는 본질적으로 상이한 모든 차원들을 결코 다 체험할 수 없기 때문이다.

> 하나님은 우리가 이해할 수 없는 많은 변증법적 모순들을
> 자신 안에 담아내고 계신다.

하나님의 속성은 모든 모순의 극치를 아우를 만큼 매우 광대하기에 하나님의 형상으로 지음 받은 우리는 비슷한 변증방식 안에서 하나님께 최선의 예배를 드릴 수 있다. 우리는 앞서 5장에서 두려움과 사랑이라는 조화 가운데 나타난 하나님께 대한 우리의 변증적인 반응에 대해 고민했고 1장에서는 예배 가운데 신실하게 된다는 것이 곧 예수께서 표현하신 "영과 진리"와 같이 변증적인 내용을 요구하고 있다는 것을 주목했다. 우리는 또한 새로운 것과 오래된 음악 모두를 사용하는 것과 전통 있는 교회와 지속적으로 개혁을 거듭하는 믿음의 진보가 모두 중요하다는 사실을 주목했다.

그리스도인의 삶에 뿌리 내린 대립을 통합하는 문제의 시급성에 몰두하고 있는 시점에서, 나는 대응관계의 균형을 훼손시킬 수 있는 측면을 강조하고 있는 새로운 많은 예배 관점들을 대할 때 정말 마음이 아프다. 이 문제는 예배 역사 전체에 걸쳐 대립요소를 강조하는 다양한 형태의 위험요소로 작용해왔다. 그러나 오늘날의 예배 운동에서 전통적인 예배 형식을 무시하고 비하하는 분위기는 전혀 낯설지 않다.

예를 들어 어떤 예배 운동에서는 예배의 상황적 특성을 강조한다. 상황적 특성은 매우 중요한 사안이지만 문제는 그것이 전통성을 해체하거나 무가치하게 여기는 잘못을 범한다는 것이다.[13] 신약시대에 살았던 1세대 그리스도인들은 유대회당과 성전 같은 전통적인 재료를 가지고 예배를 드렸으며 변화하는 상

황에 따라 그리스도인에 맞게 적응시켜 나갔다. 마찬가지로 새 터전에 자리 잡은 헌신적인 선교사들은, 시간과 장소를 초월해 수많은 문화 속에 뿌리내린 믿음을 전하기 위해 애썼으며 특정 본문에 적합하게 어울리는 예배 형식과 새로운 찬양들을 개발해 선교현장에 적용시켜 나갔다. 믿음의 언어는 결코 새롭게 개발하거나 만들어낼 수 있는 성질의 것이 아니기 때문에 즉각적으로 상황화(contextual) 될 사람은 없다. 신앙은 언제나 우리 선조들의 지혜와 과거로부터 이어져온 지속성이라는 토대위에서 세워졌으며 이전에 없었던 새로운 모습으로 확장되고 변해왔다.

몇 해 전에 마다가스카르(Madagascar)에서 가르칠 때 예배 중에 들었던 찬양이 매우 아름다워 그만 그 매력에 사로잡히고 말았던 적이 있다. 악보도 보지 않은 채 6~8파트로 환상적인 화음을 자아냈는데 찬양 팀이 불렀던 곡은 다름 아닌 노르웨이의 고전 찬송가였다! 우리는 그밖에도 많은 마다가스카르 찬양을 들었다. 고전과 문화 상황화로 어우러진 최고의 곡들이었다.

성경적인 예배라면 반드시 시대의 상황 앞에서 교회 안에 전통적인 신앙을 끊임없이 뿌리내릴 수 있게 하는가를 자문해야 한다. 만약 예배가 오직 상황화에만 집착하고 단지 새로운 곡에만 혈안이 된다면 복음의 독특성은 문화함정이라는 덫에 사로잡힐 것이며 또한 그리스도인으로서 믿지 않는 이웃과 아무런 차이를 보여주지 못하게 될 것이다. 어떤 현자의 말대로 교회가 이 시대의 정신과 결혼하면 다음세대에서는 과부가 되고 말 것이다.

반대로 문화 상황화는 전통신앙이 진정으로 성경적인지 단지 감상에 빠진 전통주의적인(전통적인 것보다 더한) 것은 아닌지 끊임없이 물어야 할 것이다.

우리는 야로슬라브 펠리칸(Jaroslav Pelikan, 예일대학교 역사학 명예교수)의 "죽은 자들의 살아있는 믿음"의 바른 전통과 "산자들의 죽은 믿음"의 파괴적인 전통주의에 관한 유명한 구분을 반드시 마음에 새겨야 한다.

모든 예배가 통일된 예배의식을 가졌던 지난 세기들에서 '예전(liturgy)'이라는 단어가 악명으로 남았던 것은 참으로 비극적인 일이 아닐 수 없다! 교회들은 "비-예전(non-liturgical)"을 주장하지만 그것이 불가능한 말인 이유는 "예전(liturgy- 그리스어 레이투르기아에서 파생)"이라는 용어 자체가 문자적으로 "사람들의 일"을 의미하고 있기 때문이다. 예배의식의 순서를 맡은 몇 사람 혹은 구역장이나 장로들 무리가 앞에 서서 발표하는 공연 같은 예배가 아닌 모든 사람들 전체가 회중으로서 드리는 예배이길 소망한다. 매 예배는 일종의 순서(ordering)를 따른다. 심지어 은사주의적인 집회라고 할지라도 암묵적인 예배 순서는 존재한다. 그리고 이러한 순서는 예배 담당자들이 실제 예배에 있어 원활하게 참여할 수 있도록 돕는다. 예배의식은 모든 사람들이 예배에 철저하게 참여할 수 있도록 해준다.

때때로 비평가들은 예전의식과 자유를 대조하지만 사실 이 둘은 나란히 함께 간다. 자유가 예전의식을 판에 박힌 형식주의에 빠지지 않도록 막아준다면 예전의식은 방종과 남용으로부터 자유를 지켜준다. 이 문제에 관해 사도바울은 고린도전서에서 몇 장을 할애하여 쓸 수밖에 없었는데 그 이유는 당시 고린도교회는 예배 중에 "자유"를 지나치게 남용하여 가난한 사람들(11장), 은사가 무시되고 거절된 사람들(12장), 참 사랑을 받지 못하는 사람들(13) 그리고 교화되지 못한 이방인들(14장)에게 상처를 주었기 때문이다. 그리고 심지어 어떤 이들은 자신들이 가진 자유 때문에 교리중심에 빠지거나 부활을 부인하는 지경에 이르렀다(15장). 자유가 필연적으로 다 좋은 것은 아니다.

C. S. 루이스(Clive Staples Lewis, 1898-1963)는 참된 예전의식의 자유에 관해 누구와도 비교할 수 없는 탁월한 비유를 다음과 같이 들려준다.

> 이색적(Novelty)이라는 것은 말 그대로 오락적인 가치만을 갖는다. 신앙인들은 오락을 위해 교회에 가지 않는다. 그들은 예배를 사용하거나 당신이 선호하는 표현대로 공연하기 위해 간다. 모든 예배는 말과 행동의 구조다. 이 구조를 통해 성례전이나 회개 혹은 기도나 경배 같은 것들이 가능해진다. 그리고 이 구조는 당신이 원한다면 최고의 것들을 할 수 있도록 돕는다. 이 구조가 시간이 지나 익숙해지면 우리는 더 이상 이것을 인식할 필요가 없어진다. 당신이 이 구조를 주목하거나 인식하는 한 당신은 아직 춤을 즐기는 게 아니라 여전히 배우는 상태에 머물고 있는 것이다. 좋은 신발은 착용감을 모르게 해준다. 독서에 몰입한 사람은 눈의 피로, 조명, 인쇄술, 글씨체 따위를 신경 쓰지 않는다. 완벽한 교회의 예배는 우리가 예배 자체를 인식하지 못하는 예배이다. 왜냐하면 우리의 모든 시선이 하나님에게 고정되어 있기 때문이다.[14]

루이스의 예배 비유에 반대하는 사람들은 "예전적 예배"는 동일한 형식의 예배가 매주 마다 반복되기 때문에 지루해질 수 있다고 주장한다. 많은 교회들이 다채로운 준비 없이 예배순서에 맞추어 일관된 찬송가와 기도서를 성의 없이 사용하는 것은 사실이다. 그러나 잘 계획된 예전예배는 교회력에 맞추어 매 시기마다 많은 변화를 시도하고 다양한 기도제목과, 성경공부 내용, 시편, 신앙고백 등을 예배 때 활용한다.

몇몇 교회가 사용하는 역사적 예전 예식의 완고함과 몇몇 교회에서 용인하는 자유의 남용은 모두 두 극단을 조합해줄 변증법적 긴장의 필요성을 증명해준다. 예배는 이색과 단조로움의 방해 없이 온전히 하나님만 집중할 수 있도록 예배자들을 해방시켜주는 예전적인 구조에 의해 유지될 것이다. 이 구조는 다양한 스타일과 형식을 활용할 수 있다. 박자를 세지 않고 자연스럽게 춤출 수 있게 하는 것이 루이스가 그려준 그림이며 그것은 곧 자유롭게 하나님을 경험하며 공동체 전체와 함께 우리의 믿음을 표현하는 예배를 상상하게 만든다.

동방 정교회, 로마가톨릭, 성공회 그리고 루터 교회 등에서 우선적으로 사용했던 고대 예배의식은 모든 사람들이 예배에 참여하여 성경으로부터 많은 본문들을 가르칠 수 있는 형태로 발전했다. 나는 글을 깨우치기 매우 오래 전부터 예배에 몰두할 수 있었는데 그 이유는 가톨릭(일반적으로 교회라는 의미임) 예배의식을 암기하고 있었던 덕분이다. 예배의식에서 매주 사용하는 모든 화답이나 표현문장들은 사실 글을 모르는 시각장애인이나 어린 아이들까지 자유롭게 예배에 참여할 수 있도록 해주는데 회중들은 예배에 사용되는 모든 찬송이나 성경구절들을 전부 외어서한다.

예배의식은 예배를 공허한 "공연"으로 바꿔버렸다는 비판을 받지만 그러한 주장 또한 "비 예전주의(non-liturgical)"라는 비판을 피하지 못한다. 몇몇의 오르간연주자나 찬양인도자 혹은 찬양대나 찬양팀들이 모든 성도들을 더 깊은 은혜의 자리로 인도하기보다 콘서트 장에서처럼 공연을 보이기도 한다. 그러나 예배는 단지 훈련받은 몇 사람이 펼치는 공연이 되어서는 안 된다.

오히려 예배는 각각의 능동적인 참여자들 모두의 공연이다. 예배의 대상이 하나님이라는 사실을 망각하거나 예배를 안락함이라는 우상에게 바치려 든다면, 우리는 예배에 깊이 들어가기 위해 노력하지 않을 것이다. 이와는 반대로 만약 우리의 공적 예배가 우주의 대 주재이신 하나님께 감사하며, 다른 사람들과 더불어 하나되는 기회를 보여준다는 사실을 기억한다면 우리 각 사람들은 모두 하나님께 최선의 모습과 가장 탁월한 찬양을 드리길 원할 것이고, 최고의 공연으로 하늘의 모든 성도들과 함께하는 예배의 참여자가 될 것이다.

나의 요점은 다른 특정한 종류의 예배의식에 대해 논쟁하는 것이 아니라 동반자로서 예배의식과 자유를 인정하도록 돕고 나아가 모든 예배자들이 가능한 모두 다 참여할 수 있도록 돕는 것이며, 우리의 능력을 다해 우리의 관객이신 하나님께 최선의 공연을 선사하는 것이다. 이러한 공연에 대한 이해는 시편 96편 초반에 병행된 구절들이 뒷받침해준다. 시편 33편 3절은 "새 노래로 그를 노래하며 '즐거운' 소리로 '아름답게' 연주할지어다!"라고 명령한다. 내가 단어 '아름답게(skillfully)'와 '즐거운(Joy)'을 강조하는 것은 우리가 전심을 다해 능숙하고 탁월하게 하나님을 찬양한다면 하늘로부터 임하는 즐거움이 우리 안에서 솟구칠 것이기 때문이다. 우리가 좀 더 우리의 의지를 다하여 하나님의 영광을 찬양한다면 성삼위 하나님의 임재로부터 오는 축복이 우리를 가득 채울 것이다.

단어 '공연(performance)'의 긍정적인 감각을 되살리고 싶은 데는 이유가 있다. 몇 해 전에 만났던 한 여성이 있는데, 나는 그녀의 환상적인 알토 음을 발견하고 당시 내가 지휘했던 찬양대에 합류해달라고 간청했다. 내가 지도했던 찬양대와 찬양 팀 모두에게 늘 강조했던 한 가지는 회중이 모두 함께 더 나은 찬양을 드릴 수 있도록 돕는 것이었다. 그녀는 나의 제안에 대한 반응으로 찬양대가 아닌 찬양 팀에 들어가고 싶다고 했는데 그 이유는 찬양 팀에서는 발성이나 호흡 혹은 '프레이징(phrasing)'(음악의 흐름을 유기적인 의미내용을 갖는 악구(樂句)로 구분하는 것: 역주) 같은 것은 신경 쓸 필요가 없다는 것이었다. 정말로 찬양 팀은 더 나은 찬양을 드리기 위해 필요한 프레이징을 신경 쓰지 않는가? 정말로 그들은 하나님께 드릴 최고의 예배를 위해서 자신들이 받은 최고의 음색으로 하나님을 찬양하지 않는가? 우리가 찬양대나 찬양팀이 아니라면 우리는 찬양의 희생으로 드려야 할 찬양의 예물을 드릴 필요가 없어진단 말인가?

우리가 예배를 세울 때 반드시 기억해야 할 것은 우리가 드려야 할 예배는 '공적' 예배라는 사실이다. 따라서 우리가 끊임없이 물어야 할 질문은 '어떻게 하면 불신자들을 이 예배에 참여시킬 수 있을까?' 하는 것이다. 만약 교회가 자신들만의 아늑한 사유지에 울타리를 쳐놓고 자기들끼리 하나님을 만난다면, 예배를 드리고 싶어도 방법을 모르는 이들은 언제 예배에 참여할 수 있단 말인가? 이전과 지금의 모든 예배의식은 교회에 처음 발을 딛는 그 어떤 사람들이라도 회중과 함께 기도할 수 있게 만들어 줄 뿐만 아니라 시간과 공간을 초월한 교회의 공동기도에 참여자가 될 수 있게 해준다.

방해 없이 하나님과 조우할 수 있는 예배의식의 형식은 어떻게 구성되는가? 만일 "즉각적으로" 하나님과의 관계에 들어갈 수 있는 자가 없다는 사실을 기억한다면 우리는 그 방법을 찾을 수 있을 것이다. 예수님께서 우리를 아버지 하나님께로 인도하신 것처럼 교회에게 선물로 주신 예배의식도 우리를 주님의 선물로 받게 하실 것이다. 예배 학자인 제임스 화이트(James White) 교수는 "예배의식은 하나님의 자기계시의 수단으로써 예배하는 참여자에게 하나님의 임재로 인도하는 통로가 된다는 사실을 일깨워준다"고 했다.

비록 우리의 문화에서 많은 사람들이 '예배의식'이라는 용어를 거부하지만 종교적이지 않은 또 다른 대안으로써의 예식들, 예를 들어 새해 환영식, 슈퍼볼 행사, 생일축하, 결혼식 등을 볼 때 인간들의 정서가 그러한 의식(ordering)을 필요로 한다는 사실을 알 수 있다. 심지어 어린아이들도 잠들기 전에 반복되는 차례가 훼방되면 불안해진다.

거절해야하는 것은 예배의식 자체가 아니라 '왜곡'된 예배의식이다. 즉 의미도 없고 정직함도 없고 하나님 중심적이지도 않으며 하나님께 영광을 돌리지도, 하나님을 영화롭게도 하지 못하는 한낱 과장된 의식(ceremony)을 버려야 한다. 참된 예배의식은 하나님께 집중하게 하며 하나님을 예배한다는 놀라운 특권의식을 유지해준다. 비록 많은 책들과 성경역본들을 더 이상 사용하지 않지만, 이 책에서 하나님을 언급할 때 '그분(He)'이나 '그분에게(Him)' 혹은 '그분의(His)' 등을 대문자로 표기한 "의례(ritual)"를 주목했는가? 이러한 흔적이 당신으로 하여금 하나님의 이름을 더욱 신성하게 여기며 그분을 더욱 찬양하게 만드는가?

교회가 사용하는 어떤 예배의식이든지 모든 사람들이 참여하도록 격려하며 우리를 살아있는 공동체로서 서로를 엮어주고 하나님께 초점을 맞추게 하는 공적 예배의식이 되길 원한다. 예배의식이 우리를 자유롭게 해주어 발동작이 아닌 하나님께 초점을 맞추어 마음껏 춤추고 찬양할 수 있기를 원한다. 예배의식을 통해 예배의식의 뜻을 더 깊이 이해할 수 있게 되기를 원한다.

예배의식의 참여와 의식절차의 중요성은 또 다른 변증법적 문제를 야기 시킨다. 요즘 몇몇의 예배운동은 예배가 머리가 아닌 가슴으로 이루어질 것을 요구한다. 경외감은 내려놓고 하나님과의 친밀감을 만끽하라는 것이다. 하지만 성경적인 예배는 둘 다를 포함하고 있다. 예를 들어 시편은 왜 하나님은 찬양받으실 수밖에 없는지에 대한 이성의 근거를 두고 주체할 수 없는 기쁨을 가슴으로 표현하고 있다. 참된 축제는 항상 기본적으로 지적인 자각을 수반한다. 그렇지 않으면 한낱 허울뿐인 광고로 전락하고 말 것이다.

마찬가지로 우리가 일상에서 경험하는 생일파티에서 만일 생일 당사자를 세상이 받은 유일한 생명이라는 선물로 이해한다면 그 생일파티는 보다 더 깊은 의미를 갖게 될 것이다. 비슷한 예로 어젯밤에 나와 내 남편이 접대했던 저녁식사는 정말 근사했다고 느꼈는데 그 이유는 우리가 그 파티를 위해서 정성을 다해 모든 음식과 장식과 대화 주제들을 준비했기 때문이며, 또한 파티를 마치고 남편과 설거지를 하며 저녁파티 때 받은 많은 선물들에 대해 얘기할 수 있었기 때문이다. 파티가 시작되기 전과 후에도 우리가 기쁨을 누릴 수 있었던 건 바로 이성적으로 파티를 즐겼기 때문이다.

축제의 측면만을 강조하는 예배는 단지 성경적인 신앙의 한 측면만을 강조하는 것이다. 우리는 기쁨의 언어뿐만 아니라 탄식과 호소, 우리의 의심과 좌절 그리고 인생의 고통과 슬픔의 모든 언어를 가지고 예배를 드리며 그 언어는 우리 삶의 모든 자리에 임재하신 하나님을 보여줄 수 있게 된다.

또한 참된 갱신은 끊임없이 믿음의 정신이 개발되기를 요구한다(특히 정신 없이 살아가는 우리의 문화 속에서). 예를 들어 사도바울은 우리에게 로마서 12:2에서 문자적으로 "정신(mind)의 갱신으로 변화되어 있어라"(저자의 번역을 따름: 역주)라고 격려하고 있다. 이 부분에 해당하는 헬라어 원문은 지속성을 나타내는 수동태 동사를 사용하고 있는데 그것은 곧 우리를 변화시키고 우리의 정신을 새롭게 하시기 위해 지속적으로 일하시는 하나님을 강조하고 있다.

그리고 충만해진 정신(mindfulness)은 우리를 선교의 자리로 안내한다. 그러나 만약 이 선교가 성경에 철저하게 뿌리내리지도 않고 세상을 향한 하나님의 큰 계획을 마음에 그리는 기도도 하지 않은 채 이루어진다면 이 선교는 곧 문화 모방과 탈선을 초래하고 말 것이다. 반대로 묵상이 축제의 선교로 이어지지 않는다면 현실도피주의로 남을 것이다. 신실한 삶은 묵상적인 선교와 선교지향적인 묵상이 되기 위하여 성찰과 행동의 두 축을 균형 있게 다루어야 한다.

마찬가지로 하나님에 대한 경외심과 친밀감은 서로를 성장시켜준다. 많은 시편들은 하나님의 기이한 일들을 개인적으로 찬양하며 또한 모든 땅위에 드러난 그분의 주권과 어마어마한 그분의 말씀의 권능을 인정한다. 시편 33편이 좋은 예다.

시편은 "의로운 자들"을 불러 다양한 악기를 사용해 "주 안에서 기쁘게 노래하라"는 명령으로 시작한다. 이 시편의 첫 다섯 구절은 여호와의 말씀이 온전함을 찬양하며 그분의 행하시는 일이 진실하며 그분은 공의와 정의를 사랑하시며 그분의 인자하심이 온 땅에 충만하다고 찬양한다. 그러다가 6절부터 18절에 이르러서는 하나님의 능력 그리고 두려움과 경외하는 모습으로 반응하는 우리의 모습에 시선을 고정한다. 또한 그 구절들은 창조와 나라들의 계획을 무효로 만드시는 주님과 모든 인류를 굽어보시는 주님을 묘사하고 있다. 그에 대한 반응으로 "세상의 모든 거민들"은 "여호와를 두려워하도록" 명령받는다(8절). 시편 33편 후반부에서는 하나님을 향한 우리의 큰 반응이 두려움/경외 그리고 사랑/친밀감의 변증법적 상호작용을 강화시킨다.

시편 33:18-22

여호와는 그를 경외하는 자
곧 그의 인자하심을 바라는 자를 살피사
그들의 영혼을 사망에서 건지시며
그들이 굶주릴 때에 그들을 살리시는도다
우리 영혼이 여호와를 바람이여
그는 우리의 도움과 방패시로다
우리 마음이 그를 즐거워함이여

우리가 그의 성호를 의지하였기 때문이로다

여호와여 우리가 주께 바라는 대로

주의 인자하심을 우리에게 베푸소서


Psalm 33:18-22


Behold, the eye of the LORD is on those who fear Him,

On those who hope for His lovingkindness,

To deliver their soul from death,

And to keep them alive in famine.

Our soul waits for the LORD;

He is our help and our shield.

For our heart rejoices in Him,

Because we trust in His holy name.

Let Your lovingkindness, O LORD, be upon us,

According as we have hoped in Thee.


이 시편에서 주목할 곳은, 인간이 두려움과 사랑, 기쁨과 신뢰, 기다림과 소망으로 하나님께 반응하며 이성적인 항복과 감정적인 축제가 어우러지는 장면이다. 우리의 예배는 한 가지에 집중하고 다른 한 가지를 배제하지 않으며 오히려 인간이 가지는 모든 감정과 의지, 이성과 마음 그리고 존재와 행동, 신앙의 깊음을 아우른다.

두 측면의 다양한 변증법적 기초를 무시하면 그리스도인의 "하나님과의 친밀감"은 단순히 안락한 감정이나 암암리에 하나님의 개념을 뒤바꿔버리는 형태로 왜곡될 수 있다. 성경은 하나님과의 순전한 친밀함을 설명할 때 씨름이라는 개념이 들어있음을 보여준다(예를 들어 창세기 32:24-32의 야곱). 또한 박해받는 모습(디모데후서 3:12의 바울), 두려워하는 모습(마가복음 10:32-34의 제자들)도 있다. 우리 주 예수 그리스도와의 친밀감은 "그분의 고난의 유대감" 속에서 실행된다(특별히 빌립보서 3:7-11, 고린도후서 4:7-11을 참고하라). 이러한 종류의 신앙은 변증법적 긴장 속에서 두려움/사랑, 친밀감/경외심, 축제/묵상 등의 모든 대립의 극을 끌어안고 좌우의 양극에서 풍성한 열매를 맺는다.

예배의식의 차례는 이 모든 변증법적 방식을 포함한다. 성경본문은 우리의 마음을 일으켜 특정한 선교를 위한 방향을 제시해준다. 찬송가와 노래들은 묵상적이거나 특정한 선교를 독려하고 기념해 줄 수 있다. 묵상적인 기도는 친밀감과 경외감에서부터 나오며 세상을 향한 선교와 지역사회를 향한 선교 그리고 개인을 향한 교회의 선교를 포함한다.

하나님과 우리의 관계에 얽힌 이 모든 측면들을 살피는 것은 끝나지 않는 과정의 연속이다. 그러한 이유로 오늘날 유행하는 많은 예배주보들이 위험하다고 할 수 있다. 예배주보들은, 실제 예배가 드려지며 결코 빼놓을 수 없는 다양한 변증방식이 작용하는 지역상황을 고려하지 않은 채 빈번하게 "성공적인" 전략을 처방해준다. 예배 학자나 신학자 또는 다른 사회학자들이라도 임의대로 예배의 장소나 방법을 결정할 수 없다. 오히려 모든 회중들은 반드시 더 나은 예배를 위해 질문해야만 하고 그렇게 될 때 하나님께서 친히 강림하셔서 보여주신 성경적인 안내를 따라 어떠한 곳에서든지 신실하게 하나님을 예배할 수 있을 것이다. 당신의 교회는 크신 하나님을 제대로 알고 있는가?

## ▌음악에 나타나는 변증방식(Musical Dialectics)

예배는 하나님의 성품과 우리의 반응 사이에 얽혀있는 다양한 변증방식의 조합을 표현하기 때문에 우리는 그것들을 담아내기 위해서 보다 폭 넓은 악기들과 다양한 소리들을 구성할 필요가 있다. 간혹 오르간을 사용하는 교회도 있지만 안타깝게도 새로운 많은 예배운동들이 오르간 사용을 비판적으로 여긴다.

파이프 오르간에 대한 현대의 적대감은 아마도 몇몇의 오르간연주자들이 자신의 영광을 자랑하거나 과도하게 뽐내기 때문이거나 혹은 오르간의 규모에 걸 맞는 장소와 음향의 크기 때문일 수도 있고, 경우에 따라서는 회중의 찬양과 화음을 이루기 어려운 문제점이 있기 때문일 수도 있다. 병적으로 오르간을 지지하는 사람들은 예배에 우선적인 악기로 오르간이 사용되는 이유에 대해 이것이 하나님의 특별한 지지로부터 온 것이 아니라, 단순히 한명의 오르간 연주자가 다양한 소리를 연주할 수 있다는 사실 때문인 것을 망각한다. 어떤 이유든지 오르간 같은 다재다능한 악기가 그런 반감을 일으킨다는 건 실로 애석한 일이 아닐 수 없다. 잘 제작된 파이프오르간을 제대로 연주하면 현악기, 금관악기, 목관악기가 어우러진 총천연색 오케스트라 음색으로 하나님의 풍성한 측면을 보여줄 수 있을 것이다.

그와는 반대로 만약 모든 연주가 항상 똑같은 음만을 만들어 내거나 앰프 소리만 쩌렁쩌렁한 높은 데시벨로 하나님의 특정한 속성만을 강조하려 든다면 거기서부터 얻을 수 있는 건 오직 예배에 대한 혐오감뿐일 것이다. 하나님의 위대하심의 일부는 풍성한 선율을 통해서 드러나거나 혹은 다양한 종류의 악기를 사용하는 더 많은 회중을 통해서 맛볼 수 있다. 하나님에 대한 기발한 생각은 호루라기로 연주될 수 있겠지만 하나님의 왕권을 표현하기 위해서는 트럼펫이 적당하다.

> 하나님의 위대하심의 일부는 풍성한 선율을 통해서 드러나거나 혹은 다양한 종류의 악기를 사용하는 더 많은 회중을 통해서 맛볼 수 있다.

때때로 타악기연주자들은 곡의 가사와 의미가 전체연주와 서로 어떻게 연결되는지에 대한 별다른 집중 없이 동일한 박자와 리듬을 반복적으로 연주하기도 한다. 그러나 드럼연주자가 언제 심벌즈를 연주할지를 정확히 예측하고 있는 것은 곡을 통해 우리가 하나님에 대해 새롭게 배울 수 있는 기회를 또한 제공해 줄 수 있다. 예들 들어, 한 찬송가 연주의 절정부분에서 갑자기 팀파니 소리가 울려 퍼지는 순간 나는 놀라운 기쁨을 맛본 적이 있다.

예배 때 사용하는 타악기로는 보통 청각을 날카롭게 자극하는(부드러운 망치로 사용하지 않으면 안 되는) 트랩 셋(trap set) 스네어 드럼(snare drum)이 있다. 스네어는 전쟁터에서 장총소리를 능가하는 목적으로 제작되었다. 또한 스네어는 고막이 자기방어를 위해 스스로 차단할 만큼 날카로운 소리를 뿜어낸다. 이러한 결과로 찬양인도자들은 서로의 소리를 잘 듣지 못하고 그들의 찬양소리도 제 음을 내지 못하게 된다. 어쩌면 적은 옥타브를 가진 벨(Bell)이나 벨트리(Bell Trees, 악기의 일종) 같은 악기를 연주하는 많은 사람과 함께 우리만의 타악기를 만들 필요가 있을지도 모른다. 예를 들어 다양한 고음을 낼 수 있는 아프리카의 레인스틱(rain sticks)이나 드럼박스(drum boxes), 콩고 드럼(conga drums), 아프리카 레틀(rattles), 오르프 리듬(Orff rhythm) 악기들, 클라베스(claves)나 카사바(casaba), 라틴아메리카의 귀로(guiro), 마라카스(maracas), 찜벨스테른(zimbelstern: 크리스마스 장식용처럼 생긴 어떤 것들은 그 안에 불붙은 양초가 공기의 흐름을 일으켜 바늘을 약간 움직여 소리를 낸다)과 같은 것들이다.

다양한 교파와 지역에서 예배 설교 초빙강사로 섬길 때 나는 사람들이 종종 수동적으로 예배에 임하는 모습을 목격한다. 스네어 드럼소리가 그들의 귀에 너무 날카롭게 들릴 때 그들은 찬양하며 예배에 참여하는 대신 예배를 관람한다. 나는 어떤 교회에서 드럼 세트를 하나씩 운반하는 중인 한 드럼연주자에게 드럼소리가 너무 크면 한쪽에 청각장애가 있는 내가 남은 한쪽 귀를 막을 수밖에 없다고 일러주었다. 드럼연주자는 이렇게 대답했다. "많은 사람들도 귀를 막죠." 도대체 이런 연주가 예배에 도움이 된단 말인가? 자신의 연주가 예배자로 하여금 예배에 참여하게 만들기보다 오히려 그들의 예배참여를 방해할 수도 있다는 생각을 왜 하지 못하는 것일까?

음반시장에서 살아남기 위해 제작된 튀는 음악에 의해 말라버린 우리의 음악적 취향이, 예배음악을 통해 생기를 되찾을 수 있다는 건 정녕 꿈같은 이야기인가? 좀 더 다양한 선율로 하나님의 광대하심을 전할 수는 없을까? 교회력에 따라서 그리고 죄 고백이나 용서하시는 하나님에 대한 기쁨 혹은 선교를 위한 준비에 따라서 다채로운 음악이 필요하지 않을까? 때로는 무반주로 찬양할 필요가 있다. 하나님을 깊이 묵상하기 위해서 때로는 거룩한 고요함이 필요하다. 시애틀의 워싱턴대학교 근처에 있는 거대한 '성 마가 감독교회(St. Mark's Episcopal Cathedral)'는 매주 주일 저녁에 대부분의 젊은 사람들로 구성된 회중과 함께 컴플라인 예배(compline service: 이 예배는 고대 수도원예배에서 하루 중 마지막으로 드렸던 예배이다)를 드린다. 교회 좌석이 만석일 때는 바닥에 앉아서 무반주로 이끄는 찬양대와 함께 찬양한다.

## ▎좀 더 다양한 선율로 하나님의 광대하심을 전할 수는 없을까?

어떤 음악이 연주되든지 우리는 항상 하나님의 영광과 그분의 성품 앞에 그리고 선포되는 말씀 앞에 진실해야만 하며 예배자들이 온전히 참여할 수 있도록 노력을 다해야 한다. 지난날의 오르간 연주자들은 하나님의 영광을 위해서 그들의 일평생을 오르간연주에 온전히 바쳤다. 그들은 바르게 연주하기 위해 오랜 세월을 보냈고 매 순간의 예배를 위해 또한 며칠씩 반복해서 연습했다. 오늘날의 연주자들도 이처럼 자신의 연주, 악기나 목소리를 예물로 드리기 위해 그리고 모든 회중이 예배에 몰입하게 만들기 위해서 헌신하고 있는가?

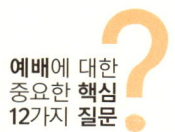

**Question 08**

교회는
어떠한 방식으로
하나님께
영광을 돌려왔는가?

Question 08

# 교회는 어떠한 방식으로 하나님께 영광을 돌려왔는가?

만국의 족속들아 영광과 권능을 여호와께 돌릴지어다
여호와께 돌릴지어다
여호와의 이름에 합당한 영광을 그에게 돌릴지어다 (시 96:7-8a)

Ascribe to the LORD, O families of the peoples,
Ascribe to the LORD glory and strength.
Ascribe to the LORD the glory of His name; (Psalm 96:7-8a)

시편 96편의 처음 여섯 행에서 우리가 논의했던 것처럼 시인은 본문 7-9절에서 다시 세 행을 두 세트로 구성해 놓았다. 첫 번째 세트는 우리를 예배로 초대하고 두 번째에서는 우리가 어떻게 반응해야 할지를 묘사하고 있다.

비록 순서가 완벽하게 일치하지는 않지만 찬양을 향한 부르심은 여러 방면에서 1절과 2절의 전반부와 비슷하다. 한편에서는 "만국의 족속들아" 그리고 다른 한편에서는 "온 땅이여"로 묘사된 구조를 통해 우리는 두 장소에서 우리들보다 더 큰 무리들이 찬양하도록 부르심을 받았다는 것을 알 수 있다. 이 두 구절들은 우리의 지역교회들이 고립된 채 홀로 예배드리지 않고 도리어 세계 곳곳에 있는 모든 사람들과 자신들의 창조주께 반응하는 생명 있는 모든 피조세계가 함께 예배드리고 있음을 일깨워준다.

찬양을 촉구하는 세 행의 두 세트는 모두 하나님의 이름을 부각시켜준다. 2절 전반부에서 우리는 "그분의 이름을 송축"해야 하며 8절 전반부에서는 "여호와의 이름에 합당한 영광을 그에게 돌려"드려야 한다. 두 구절 모두 함축하고 있는 바는 하나님의 특성이 상상을 초월할 정도로 다양하며 단순히 이해할 수 없을 만큼 너무나도 광대하다는 것이다. 따라서 하나님께 더 풍성한 찬양과 더 깊은 경배(찬양하다의 원뜻)를 항상 드려야만 한다. 그런 의미에서 "주님께 영광과 권능을 돌릴지어다"와 같은 다양한 유형들을 교회가 시공간에 걸쳐 발전시켜왔다는 사실을 인식하는 것은 중요하다. 과연 이 다양한 유형들이 기본구조를 가지고 있을까? 역사 속에서 나타난 주요한 구조들로부터 벗어난 중대한 차이점은 무엇인가?

## 교회의 예배발전

최초 기독교인들은 비록 그 정확한 형태에 관한 증거가 부족하지만 기도와 성경읽기가 포함된 그들의 예배 양식을 유대인들의 회당예배로부터 가져왔다. 유대교와 기독교예배의 한 가지 주요한 차이점은 서신서에서 핵심을 차지했었던 성만찬 축제였다. 하지만 사도바울이 기록하고 있었던 시대 즈음에 시작되어 1세기 말까지 최종형식으로 발전되어왔던 디다케 또는 12사도의 가르침을 보더라도, 기독교인들이 성찬식에서 행했던 '감사기도(the great prayer of thanksgiving)'가 유대인들의 식사의식으로부터 온 것임을 알 수 있다.

비록 1세기경 교회에서는 예배가 지중해 근처의 여러 장소 즉, 예루살렘, 알렉산드리아, 로마, 콘스탄티노플과 같은 기독교 초기의 중심무대들에서 다른 양식으로 발전되어오고 있었지만 지역 교회들은 그들 스스로를 "하나의 거룩한 보편적(가톨릭) 사도교회(one, holy, catholic, apostolic Church)의 일부라고 여겼을 수도 있다. 그러한 인식은 결국 니케아 신조에서 고백되어졌다. 니케아 공의회에서 기원한 니케아 신조는 325년 콘스탄티누스에게 호칭을 부여받는다. 기독교 교회와 실천의 갈래에서 차이점이라는 썰물이 빠져나가고 끊임없이 밀려드는 이단들의 밀물의 여파로, 서기 1000년 끝자락에 이르러 '통일된 교회(the unified Church)'는 서방교회와 동방교회로 그리고 동방정교회와 로마가톨릭교회로 잊을 수 없는 분열을 낳는다. 교회 안에서 성상을 사용할지 말아야 할지와 같은 예배관행에 관한 문제들이 수많은 분열을 나은 이유 가운데 하나이다.

교회 안에서의 더 많은 분열들이 종교개혁시기에 독일과 스칸디나비아의 루터교와 영국의 성공회 그리고 칼빈의 제네바를 중심으로 한 개혁교회들의 발전과 함께 일어났다. 비록 이러한 교회들이 교리의 다양한 측면들을 강조하였지만, 서유럽(개혁교회를 제외한)교회의 예배는 일반적으로 로마가톨릭교회의 예배방식과 유사하였다. 모임(Gathering), 말씀(Word), 성찬(Meal), 파송(Sending) 등의 4중 구조가 성경시대로부터 기독교예배 대부분의 표현에 스며들어 있다는 것을 인식할 필요가 있다.[15] 대부분의 기독교 교회들의 일반적인 예전은 다양한 부분의 정교함을 가지고 기본적으로 이 방식을 따른다.

처음 몇 세기동안 가톨릭(보편)교회들은 기독교 교리의 핵심요소를 가르치는 구성요소들의 경이로운 과정이 담긴 이 예배양식을 확장했다. 예배자들은 성경말씀 특별히 시편과 누가복음과 계시록의 찬양들로부터 직접 가져온 예전적인 화답에 참여했다. 그 후 역사상의 많은 작곡가들은 찬양대, 신자들, 오르간, 그리고 오케스트라의 다양한 조합들을 사용함으로써 가톨릭 "미사"에서 주요한 부분들을 영광스러운 배열로 완성해냈다.

소위 "예전적인" 교회들에서 자라난 많은 사람들은 역사적인 예전의 논리적인 전개, 진행, 순서를 당연하게 받아들이지만 왜 4중 구조의 다양한 확장들이 쓰이게 되었는지에 대해서는 결코 배울 수가 없었다. 반대로 소위 "비 예전(non liturgical)" 교회에서 자라난 사람들은 규모가 더 큰 가톨릭교회의 유산들에 대해 편견을 먼저 배우고 또한 우리 선조들이 예배에 관해서 우리에게 무엇을 가르치려 했는지 관심을 갖지 않는다. 만약 우리 모두가 "예전"을 물려받았다는 사실을 기억하고 왜 우리의 교회들이 성경에서 시행된 모든 예식과 가톨릭예전의 양식들을 사용했는지 배운다면 '예전'과 '비 예전'을 따르는 두 그룹 모두에게 유익이 될 것이다.

몇 년 전에 나는 오리건 주 포틀랜드 있는 웨스턴신학교(Western Baptist Seminary)에서 주관하는 예배 컨퍼런스에서 전통적인 예전을 강의해 달라는 부탁을 받았다. 나는 솔직히 그 집회에 등록자가 많을 것이라고 별로 기대하지도 않았다. 하지만 매우 놀랍게도 그 집회는 수많은 사람들로 가득 찼고 나를 더욱 기쁘게 만든 것은, 참가자들 중 많은 사람들이 자신들의 교회에서 말씀과 성찬, 그리고 파송에 담긴 유산들로부터 더 많은 요소들을 통합하기를 소망했다는 사실이다.

비슷한 예로 나는 종종 예배시간에 죄 고백과 용서의 확신에 대한 중요성을 설명하곤 하는데 그러한 관습을 시행하지 않는 교회예전의 배경에서 자란 많은 사람들은, 그들에게 매 주일마다 선포되어지는 용서시간이 있다는 것이 얼마나 위대한 유산인지를 깨닫게 된다. 왜냐하면 우리는 <u>스스로를 용서할 수 없기 때문이다</u>. 가장 도움을 주는 바람직한 고백은 나는 특별해서 "잘못에 대한 죄책감을 느끼지 못한다"라고 말할 수 있는 것이 아니라, 나는 평범해서 진실하게 반응해야 한다는 것을 인정하는 것이다. 가장 유익한 용서는 뚜렷하고 완전하게 성삼위 하나님의 자비로 온전한 죄사함을 선포하는 말씀을 통해서 이루어진다. 모든 사람은 죄인이고 죄를 짓는다. 공동의 고백과 용서의 선포가 있는 '말씀듣기'에 참여하는 관례는 우리를 죄와 죄책감의 짐으로부터 자유롭게 해준다.

여기 한 가지 예가 있다.

> 목 사: 가장 자비로우신 하나님,
> 신자들: 우리는 우리가 죄의 노예가 되어 스스로 우리를 자유롭게 할 수 없음을 고백합니다. 우리는 하나님 앞에 이미 생각으로 말과 행동으로 죄를 범하였습니다. 우리는 당신을 전심으로 사랑하지 않았습니다. 우리는 우리 이웃을 우리 자신처럼 사랑하지 않았습니다. 당신의 아들 예수그리스도를 위해서 우리를 불쌍히 여기소서. 우리가 당신의 뜻 안에서 기뻐하고 당신의 길을 걸으며 당신의 거

룩한 이름의 영광을 위하여 나아가도록 우리를 용서하시고 새롭게 하시며 이끌어주시옵소서, 아멘.

목사: 위대하신 하나님의 자비하심으로 인해 예수 그리스도께서 당신을 위하여 죽으셨고 하나님께서는 그분을 위해 당신의 모든 죄를 용서해주셨습니다. 예수 그리스도를 믿는 자들에게 주님은 하나님의 자녀가 되는 권세와 성령을 부어 주셨습니다.

신자들: 아멘.[16]

아래의 표는 역사적인 서방교회 예배에 나타난 일반적인 양식(동방교회와는 다른)의 다양한 부분들이 서술되었다. 강조된 라틴어 이름들은 종종 고대예배의 특정한 부분의 본문에서 첫 번째 단어가 된다. 여러 교파들이 다양한 방법으로 그 유산적 요소들을 설정해두고 초기로부터 현대에 이르는 모든 곡들은 그러한 부분들을 찬양하도록 사용된다. 음악구성에 있어서 구곡과 신곡 모두 교파를 초월한다.

원래부터 가톨릭교회는 예배가 모든 곳에서 동일하게 드려지게 할 목적으로 그날의 '성경공부본문'이나 '시편송영' 혹은 "입당송(Introit)"과 "본기도(Collect)" 그리고 "층계송(Gradual)" 등을 선택했다. 오늘날 많은 교회들은 '개정된 공동성구집(The Revised Common Lectionary)'을 사용하는데, 이것은 3년 동안의 독서주기를 설정하고 교회력에 따라서 주로 연속적으로 마태, 마가, 누가복음으로부터 복음서의 가르침들을 사용한다. 요한복음은 부활절

이후의 주일 같은 특정한 시기에 읽는다. 이 관례가 중요한 이유는 전 세계 많은 교회들이 성경을 공동으로 읽는 것과 3년 주기로 성경전체를 완독할 수 있다는 사실이다.

## 1. 모임(The Gathering)

| 교회예배의 일반적인 양식요소 | 예시에 대한 설명 | 이 요소가 사용되는 이유 |
|---|---|---|
| 탄원 기도 (Invocation) | 성부와 성자와 성령의 이름으로. 아멘. | 삼위 일체 하나님의 이름으로 우리의 침례가 기억되고 우리의 예배가 누구를 위한 것인지 그리고 어느 분이 침례를 가능하게 하시는지를 알려주기 위해서 사용된다. |
| 고백과 용서 (Confession and Absolution) | (위를 참고) | --------------- |
| 입당송 (Introit) | 입당찬송이나 시 | 이것은 어떤 찬송도 가능하지만, 지난세기에 확립된 입당송은 교회력에 따른 특별한 날을 위하여 주제가 정해진다. |
| 인사 (Greeting) | 목사: "우리 주 예수그리스도의 은혜와 하나님의 사랑과, 성령님의 교통하심이 여러분 모두에게 함께 하시기를 소망합니다." 신자들: 또한 목사님과도 함께 하시기를 소망합니다. | 이것은 예배자들이 그들과 그들의 리더들이 공동체 안에서 삼위일체 하나님과 함께 있음을 상기시켜준다. |
| 키리에 (Kyrie) ("주님") | 교회를 위해 그리고 이곳에서 함께 예배하는 자들을 위하여 기도. | 사람들은 각각의 구절에 응답하며, "주여, 자비를 베푸소서" 라고 종종 노래를 부른다. |

| 영광의 찬가 (Gloria) | 찬미의 노래 | 이 찬송은 일반적으로 대강절이나 참회의 시기인 사순절 기간에는 부르지 않는다. |
|---|---|---|
| 본기도 (The Collect) | 그 날의 기도 | 이것은 그날의 본문과 교회력에 따른 주제들 가운데로 신자들을 이끈다. 많은 본기도(the Collects)들이 매우 오래되었고 전 세계적으로 사용된다. 대부분 목사와 신자들이 본기도를 함께 진행한다.<br>**목사**: 주님께서 여러분들과 함께 하시기를 소망합니다.<br>**신자들**: 그리고 또한 당신과 함께 하시기를 소망합니다. |

## 2. 말씀 (The Word)

| 구약성경의 가르침 (Old Testament lesson) | 복음서와 맞추든지 아니면 몇 주 동안 설교했던 같은 본문의 순서를 따른다. | 자주 사용되는 패턴은 아래와 같다.<br>**목사**: 주님의 말씀<br>**신자들**: 하나님께 감사를 올려드립니다. |
|---|---|---|
| 찬미 (Psalm) | 그날의 주제에 맞춘다. | 때때로 번갈아서 읽든지 반복해서 성가를 부른다. |
| 서신서 교육 (Epistle Lesson) | 입당찬송이나 시 | 이것은 어떤 찬송도 가능하지만, 지난세기에 확립된 입당송은 교회력에 따른 특별한 날을 위하여 주제가 정해진다. |
| 인사 (Greeting) | 복음서에 맞추든지 순서대로 읽었던 책들에 맞춘다. | 후렴구가 뒤따른다.<br>**목사**: 주님의 말씀<br>**신자들**: 하나님께 감사를 올려드립니다. |
| 층계송 (Gradual) 사도서한과 복음서의 사이에서 불러지거나 낭독된 응답. | 하나의 예는 요한복음 6장 68절의 노래이다: "주여 영생의 말씀이 주께 있사오니 우리가 누구에게로 가오리이까?" | 찬양과 성서낭독은 교회절기를 따르는데 일반적으로 신자들을 예배말씀의 정점인 복음으로 이끌어주는 반복구이다. |

| | | |
|---|---|---|
| 복음의 선포<br>(Announcement of the Gospel) | 찬미와 함께 선포되어진다. "주님이신 당신에게 영광을 올려드립니다!" | 예배의 정점인 복음을 강조하기 위하여 찬미(찬사)는 낭독이나 노래의 형태로 부른다. |
| 복음의 가르침<br>(Gospel Lesson) | 찬가가 뒤따른다. "오 그리스도이신 당신에게, 찬양을 올려드립니다!" | - |
| 설교<br>(The Sermon) | | |
| 그 날의 찬가<br>(The Hymn of the Day) | 적합한 성경말씀과 설교의 화답과 적용 | - |
| 사람들을 위한 기도<br>(The Prayers of the People) | 각자의 탄원기도 후에 종종 신자들의 응답이 이어진다. | |
| 평화의 전달<br>(The Passing of the Peace) | 사람들은 서로에게 말한다. "주님의 평화가 당신에게 있기를 기원합니다." | 모든 사람들이 헌금을 드리기 전에 반드시 화해하고 성찬식으로 나아가야 한다. |
| 헌금<br>(The Offering) | 헌금을 모은다. | |
| 헌금 찬양<br>(Singing of the Offertory) | 때때로 "오 하나님이여 내 속에 정한 마음을 창조하소서"(시편 51편) | - |
| 헌금기도<br>(Offering Prayer) | | |

## 3. 식사(the Meal)

| | | |
|---|---|---|
| 대 추수감사절<br>(The Great thanksgiving) | 목사: 주님께서 여러분과 함께 하시기를 소망합니다.<br>신자들: 목사님도 소망합니다.<br>목사: 여러분의 마음을 주님께 올려드립시다.<br>신자들: 우리는 우리의 마음을 주님께 올려드립니다.<br>목사: 우리의 하나님이신 주님께 감사를 드립시다.<br>신자들: 하나님께 우리의 감사와 찬양을 드리는 것이 마땅합니다. | 목사님과 신자들을 연합하고 신자들에게 예배의 중요한 두 번째 부분을 알려준다. |
| 서문경과<br>성만찬의 기도<br>(The Preface and Eucharistic Prayer) | 서문경은 교회력에 따른 절기에 시행한다. | 이 기도의 많은 고대 버전들이 복원되고 있다. 하나님께서 역사상 행하신 모든 일들과 특히 예수님 안에서 행하신 일들에 감사를 표현한다. |
| 상투스<br>(The Sanctus) | 후반부에 이어지는 9장을 참고. | |
| 제정의 말씀(The Words of Institution) | "주 예수께서 잡히시던 밤에 떡을 가지사"(고린도전서 11장) | - |
| 주기도문<br>(The Lord's Prayer) | 각자의 탄원기도 후에 종종 신자들의 응답이 이어진다. | |
| 하나님의 어린양<br>(The Agnus Dei) | "당신은 세상 죄를 지고 가는 하나님의 어린양입니다. 우리를 불쌍히 여기소서.<br>"당신은 세상 죄를 지고 가는 하나님의 어린양입니다. 우리를 불쌍히 여기소서.<br>"당신은 세상 죄를 지고 가는 하나님의 어린양입니다. 우리에게 당신의 평안을 주시옵소서." | 우리의 구원이 예수님의 큰 희생의 대가로부터 나왔고, 그러므로 우리는 절실하게 그분의 자비가 필요하다는 것을 일깨워준다. |

| | | |
|---|---|---|
| 성찬식의 참여<br>(Participation in the Meal) | 음식 (빵과 포도주)을 나누어 주는 동안 종종 명상적인 찬미를 부른다. | - |
| 시므온의 노래<br>(The Nunc Dimittis) | 시므온의 노래: "주여, 이제는 말씀하신 대로 종을 평안히 놓아 주소서…" 또는 다른 성찬식의 후의 찬미가나 찬송가 (성가) | - |
| 마무리기도<br>(Closing prayer) | 성찬에 대한 감사 | 축복의 성찬에 대한 확신을 표현한다. |
| 축도<br>(Benediction) | 일반적으로 세 부분으로 이루어지는 아론의 축도(민수기 6:24-26) | - |
| 폐회 찬양<br>(Final Hymn) | - | - |
| 사명다짐<br>(Commissioning) | 목사: "평안히 가십시오. 하나님을 섬기십시오."<br>신자들: "하나님께 감사를 올려드립니다!" | - |

    교회 초기 수세기부터 이어져 내려온 이러한 예전을 사용할 때에는 많은 장점과 단점들이 자연스럽게 존재할 수 있다. 장점들 중에는 우리가 쉽게 확인할 수 있듯이, 그러한 예전에 어린 아이들도 참여할 수 있도록 많은 반복후렴구가 포함돼 있다는 것이다. 더욱이 이 구조는 전체 모임을 통해 신자들의 계속되는 참여를 요구하기 때문에 예배자들이 결코 소극적인 자세로 예배에 임할 수 없다는 장점이 있다. 또한 예배의식의 많은 반복구들과 노래들이 성경말씀으로부터 직접 인용되었기 때문에 예배 전체가 하나님의 말씀으로 흠뻑 잠기게 된

다. 마지막으로 예배가 그저 목회자나 예배 인도자의 스타일대로 이루어지지 않는다. 왜냐하면 성경적 인용구들의 상호작용이 개인적인 성경해석을 절제시켜주기 때문이다. 오히려 리더십이 한 개인의 능력보다 더 크게 작용하는데 그 이유는 기도와 반복후렴구들이, 전 세계적으로 수 세기동안 이 고대 양식을 따르는 자들을 하나로 연합시켜 친밀하게 뭉쳐주기 때문이다.

> 이 구조는 전체 모임을 통해 신자들의 계속되는 참여를 요구하기 때문에 예배자들이 결코 소극적인 자세로 예배에 임할 수 없다는 장점이 있다.

주요한 단점으로는 이러한 반복구가 단지 암기에 그칠 수 있고 그 결과로 말씀의 권능을 상실하게 될 수도 있다는 것이다. 인도자들은 그들이 왜 이 본문들을 선포해야 하는지 망각한 채 그저 모든 내용을 생명력 없이 낭독할 수 있다. 또한 때때로 그 의식들은 거짓 없는 순수한 표현으로 하나님께 드리는 것이 아니라 무의미한 겉치레로 전락할 수 있다. 이러한 이유들 때문에 보편적이었던 고대미사(Mass)의 양식이 역사적으로 여러 가지 주요한 궤도(trajectories)로 대체되기 시작했다.

지면상의 제약으로 보편교회(Universal Church)의 핵심적인 교파들 사이에서 나타난 세부적인 차이점들을 세세히 다루지는 못하지만, 시간이 지나면서 여러 그룹 가운데서 보다 더 집중적으로 주목받게 된 그룹들이 생겨나기 시작했다는 점은 분명하다. 수세기에 걸친 내용을 단지 몇 문장으로 요약한다는 것이 무리일 수 있지만, 동방 정교회와 서방 가톨릭교회 그리고 그 후에 여러 주요한 개혁교회들 간에 일어난 거대한 분열들 이전까지 예배는 항상 하나님 중심이었고 일반적으로 복음주의와 혼동되지도 않았다고 나는 자신 있게 말할 수 있다. 사실 초기교회에서는 세례(침례)를 받지 못한 사람이나 혹은 자신의 삶을 제자의 삶으로 온전히 드리지 못한 자들은 함께 예배를 드리지 못했을 뿐만 아니라 심지어 성찬식(영성체 혹은 감사를 뜻하는 그리스어인 '유카리스트(Eucharist)' 즉 성체로도 부름)을 관람하는 것조차 허용되지 않았다.

초기 교회의 예배는 '복음'과 '주의 만찬'이라는 두 개의 정점을 가졌다. 16세기에 마르틴 루터(Martin Luther)는 말씀과 성례전이 포함된 예배만이 참된 예배라는 자신의 신념과 연결된 가톨릭예배 이해에 전적으로 동의했다. 우리는 예배의 원시구조에서 파생한 몇 가지 중대한 예배 변화를 주목해야 한다. 첫 번째 변형은 매주 주일예배 때 시행했었던 '주의 만찬'에서부터 나왔다. 물론 교회의 초기역사에서 수도사들의 기도와 같은 형태의 예배도 발전했었지만 보통의 교회들은 정기적으로 '신성한 식사(Holy Meal)'를 제공했다. 종교개혁 이후 말씀이 더 강조되자 설교의 위치가 급부상하였고 복음과 성례전으로 구성되었던 두 정점은 상황에 따라 가르침에 무게를 둔 하나의 설교로 축소되었다. 결과적으로 대부분 교회들의 예배구조는 예배의 시작과 끝에 찬송과 찬미(시편송영)로 말씀을 조명하며 모임(Gathering), 말씀(Word), 파송(Sending)이라는 삼각구도로 발전했다. 주목할 것은 이 변형이 하나님을 위한 예배의 형태에서 예배를 설득하기 위해 사람들을 교육하는 쪽으로 이동했다는 점이다.

> 초기 교회의 예배는 '복음'과 '주의 만찬'이라는 두 개의 정점
> 을 가졌다.

두 번째 변형은, 전반적으로 말씀을 강조했던 이성과 교리에 대한 해독제 역할로써 작용하는 만큼 주목할 필요가 있다. 이것을 '청교도 줄기의 예배(Pietist strand of worship)'라고 부를 수 있겠다. 이 예배의 특징은 주관적인 감각으로 헌신과 경배 그리고 "마음"의 언어에 집중하는 것이다. 이 예배줄기가 가져다준 위대한 가치를 꼽는다면 강도 높은 성경교육 분위기 속에서 점점 눈에 띄게 실종되어버린 회중의 감성을 회복해 주었다는 사실이다. 그러나 이 줄기를 타고 들어온 불안정한 한 가지 경향은 너무 지나치게 감정에만 치우쳤다는 것이다. 따라서 하나님의 객관적 진리와 신자들의 주관적인 반응에 대한 변증법적인 상호작용을 상실할 수밖에 없었다.

은사주의 운동은 청교도의 궤도를 보다 더 광범위하게 확장해 주고 성령 안에서 감성을 마음껏 표현할 수 있도록 회중에게 놀라운 자유를 선사해준다. 그러나 주의를 기울여야 할 사실은 모든 예배 참여자가 동일한 은사주의적인 표시를 부여받지 못했기 때문에 "공적"예배에 대한 감각상실의 위험이 따른다는 것이다. 또한 성경적 지시인 방언사용을 무시해서는 안 되고 공적인 자리에서는 방언이 반드시 "해석"되어야 한다.

선재했었던 예배구조의 중요한 세 번째 변형은 '예배'와 '복음'의 혼합 속에서 일어났다. 요한 웨슬리(John Wesley)의 공적 강단(altar)은 들판에서 이루어졌고, 그는 거기서 가르치며 교회의 예배처소가 그렇게 바뀌도록 시도했

지만 곧 "회막(tent meetings)"은 더 거대한 언약궤와 교회 건물들로 옮겨졌다. 결과적으로 많은 교파들이 관례적으로 예배 때 "복음메시지"와 "강단사역(altar calls)"을 우선시하게 되었다.

위에 소개한 세 가지의 예배줄기는 현대 북미교회에서 선택할 수 있는 예배 선택의 범위로 분명하게 남아있다. 대부분 개혁주의 전통을 따르는 어떤 교회들은 예배의 상당 부분을 말씀/설교로 할애하는데 이때 설교의 서문과 후기는 예배 전, 후반에 걸친 찬양으로 채워 넣는 형태다. 어떤 교회들의 예배 사역자들은 청교도들의 인도를 따라 "경배와 찬양"의 예배를 드린다. 특히 1960년대 이후 그리고 '예수 운동(Jesus Movement)' 이후로 하나님 앞에 감성적으로 반응하고 경배하기를 강조하는 "경배와 찬양"은 현대 찬양문화에 정착되어있다.

회막 집회(tent meeting)와 복음주의 집회의 궤도는 "열린 예배(seeker services)"를 세우려는 교회에서 분명하게 확인할 수 있다. 이러한 운동은, 지난 몇 세기동안에 있었던 주류교회들의 정체현상과 자만에 빠진 많은 교회들을 향한 무신론자들의 질투에 의해 고조되었다. 우리는 복음전도와 예배간의 야기된 혼란의 문제를 4장에서 논의했는데 앞으로 10장에서는 복음전도에 대해 좀 더 고민해볼 계획이다.

이제 우리가 기억해야 할 중요한 내용은 위에 소개했던 3가지 각각의 예배궤도 형태가 무엇인가 중대한 사실을 강조하고 있다는 것이다. 가톨릭 미사는 우리가 모일 때 자신의 만찬을 먹으라고 하셨던 주님의 명령을 상기시켜준다. 개혁주의 전통은 율법낭독과 본문해석에 기반을 둔 유대인 회당의 양식을 따라 말씀에 집중하라고 강조한다(누가복음 4장에 나오는 고향 회당을 찾으신 예수님 이야기를 참고하라). 청교도주의 궤도는 하나님을 집중하고 그분을 향한 경배의 예물을 보존했다. 반면에 열린 예배를 제공하는 이들은 하나님을 경배하고 사랑하라는 위대한 첫 계명수호가 믿는 자들에게 두 번째 계명수호 즉, 이웃을 사랑하고 그들을 믿음 안으로 초대하라는 계명으로 반드시 이어져야 한다.

  결론적으로 내가 이 책에서 몇 가지 중요한 질문을 한 목표는 회중들이 예배의 필연성과 가능성을 -먼저는 성경과 그리고 다른 궤도들을 통해- 배울 수 있도록 하는 것이다. 우리가 씨름하는 많은 측면들은 중대한 변증방식의 서로 다른 측면들이 있다. 그것은 한쪽은 무시하고 다른 한쪽은 지나치게 강조하는 대신 둘 사이의 긴장의 끈을 유지해야한다. 이 사실을 인정하는 것이 우리의 예배 가운데 존재하는 더 많은 요소들을 찾도록 도와줄 것이다. 성경과 시대를 지나온 예배 그리고 하나님은 누구시며 우리가 어떻게 "여호와의 이름에 합당한 영광을" 돌릴 수 있는지에 대해 더 깊이 연구한다면 우리의 회중은 더 신실하게 하나님을 예배할 수 있을 것이다.

> 이 책에서 몇 가지 중요한 질문을 한 목표는 회중들이 예배의
> 필연성과 가능성을 배울 수 있도록 하는 것이다.

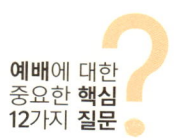

Question 09

# 참된 예배는 어떻게 우리의 성품을 변화시키는가?

## Question 09
## 참된 예배는 어떻게 우리의 성품을 변화시키는가?

예물을 들고 그의 궁정에 들어갈지어다
아름답고 거룩한 것으로 여호와께 예배할지어다
온 땅이여 그 앞에서 떨지어다 (시 96:8b-9)

Bring an offering, and come into His courts.
Worship the LORD in holy attire;
Tremble before Him, all the earth (Psalm 96:8b-9)

우리는 앞에서 다루었던 4장을 통해 시편 96편의 첫 여섯 행의 구조를 주목했었다. 그 속에 담긴 계단식 병렬구조의 문학적 기법을 알 수 있었는데, 그것은 찬양에 대한 열망("여호와께 노래하라")과 복음전도를 향한 강렬한 초대("그의 구원을 전파하며, 그의 영광을 말하며, 그의 기이한 행적을 선포하라")를 조성하기 위한 것이었다. 이제 이 계단식 구조는 세 단계 이상에 걸쳐서 아홉 행의 계단식 방법으로 확장한다. 그리고 그 아홉 행 안에서 첫 여섯 행들(1-3절)은 예배를 촉구하는 세 행들(7-8절)과 예배를 드리는 방법("예물을 들고 들어갈지어다… 예배할지어다… 그 앞에서 떨지어다") 그리고 복음전도의 주제를 표현하고 있는 세 행들과 더불어 조화를 이룬다("백성들 가운데" 9-10절)

얼핏 보기에는 별로 중요해 보이지 않지만, 이 정교한 구조는 우리가 이 책에서 목표로 했던 중대한 목적에 도달하게 만들어 줄 것이다. 왜냐하면 '복음 전도'와 '예배' 사이에 개입했던 이 세 행은 결국 우리가 어떻게 예배해야 하며 또 그 예배가 우리를 어떠한 형상으로 빚어내어 우리를 복음 전도자로 세우는지에 대해 말해주고 있기 때문이다.

8절 하반부의 첫 번째 명령은 예물에 관한 것이다. 유대인들의 예배에는 속죄나 감사 혹은 화목 등의 목적으로 드려지는 다양한 예물들이 포함돼 있다. 하나님께 드려지는 예배에 관한 진리를 살핀다면 우리는 모든 예배가 실제로는 예물에 관한 것임을 부인할 수 없게 될 것이다.[17] 우리가 만일 예물에 대해 단지 예배 시간이 끝나갈 무렵에 드리는 헌금으로 일축하지 않고, 예배에 참여하는 모든 요소들을 예물로써 이해한다면 우리는 보다 더 신실하게 하나님을 예배하게 될 것이다. 만일 설교자와 찬양대원들이 자신들의 설교와 찬양을 하나님께 예물로 드린다면 청중을 향한 퍼포먼스는 더 이상 제 자리를 찾을 수 없을 것이다. 만일 예배 좌석에 앉은 모든 성도들이 설교 말씀에 온전히 경청하고 예배중의 모든 찬송과 예식을 예물로써 하나님께 드린다면 우리들의 예배는 그야말로 적극적인 모습으로 변화 될 것이다.

> 우리가 예배에 참여하는 모든 요소들을 예물로써 이해한다면
> 우리는 보다 더 신실하게 하나님을 예배하게 될 것이다.

우리가 이렇게 예배 안에서의 예물에 대한 감각을 갖는다면, 이러한 이해는 우리의 인격에 자극을 주어 우리들의 삶 전체를 '예배'와 '예물'로 이해하게 만

들 것이다. 우리가 만일 우리의 일상의 삶을 단지 끊임없이 반복되는 진부한 것으로 치부하는 대신 주님께 드릴 수 있는 다양한 예물로써의 기회로 인식한다면 우리의 매일의 삶은 과연 어떻게 달라질까?

> 우리가 만일 우리의 일상의 삶을 단지 끊임없이 반복되는 진부한 것으로 치부하는 대신 주님께 드릴 수 있는 다양한 예물로써의 기회로 인식한다면 우리의 매일의 삶은 과연 어떻게 달라질까?

이런 질문이 생길 수 있다. 우리의 삶 전체가 예배라면 우리는 왜 굳이 교회 건물 혹은 예배 장소에 들어가서 "공적" 예배를 드려야만 할까? 이에 대해 시편 96장 8절 후반부는 이렇게 답하고 있다. "그의 궁정에 들어갈지어다" 우리가 번역한 "궁정"에 해당하는 히브리어 단어는 아마도 성전 안에서 이스라엘이 모였던 열린 광장으로서 주님의 임재를 경험할 수 있었던 장소를 의미하는 것으로 보인다. 게다가 여기서 사용된 동사 "들어갈지어다"는 복수 동사를 취하고 있다. 어쩌면 이 문장은 "너희는 주님의 임재로 들어가라"로 해석하거나 아니면 조지아 주의 신사분이 알려준 대로 진정한 남부의 복수형으로 "너희들 모두는 들어가라…"로 이해하는 게 바람직하다.

혼자서 드리는 예배로써는 부족하다. 개인의 작은 마음으로 이해하기에는 하나님은 너무나 크고 위대하시며 하나님의 이 위대하심을 혼자만의 나약한 목소리로 찬양하기에는 뭔가 큰 아쉬움이 있다. 우리는 다른 이들의 목소리와 더

불어 메시지를 전해 줄 설교자가 필요하다. 우리는 전체 공동체가 가진 다양한 은사로부터 오는 유익을 필요로 하며 찬양대의 한 일원이 될 필요가 있고 또한 모든 성도들과 함께 기도할 필요가 있다. 성경에 나타나는 보다 영광스럽고 다채로운 구절들 특히 요한계시록 같은 성경은 하나님을 영원토록 예배하는 하나님의 전체 백성들 중 일부로서 우리를 초대하는 비전을 보여준다.

당신이 드리고 있는 예배는 참여자들로 하여금 그들이 혼자서 찬양한다고 느끼게 하고 있는가? 아니면 위대한 성도들이 언제나 그들과 함께 동시에 예배하고 있음을 일깨워주는가? 하나님의 모든 백성이 우리와 함께 예배를 드린다는 경이감을 갖게 하기 위하여 우리는 과연 어떠한 자세로 우리의 예배를 다루어야 할까? 이에 대한 좋은 예를 오래된 교회 건축 양식에서 찾아볼 수 있겠다. 거기에는 예배자들이 주님의 만찬에 참여하기 위하여 반원형 모양으로 무릎을 꿇고 기다리며 나머지 반대편 반원형은 하늘의 속한 것으로 인식된다.

고대 가톨릭 예식에는 교회력에 따라 주일예배 순서상 맨 앞에서 사용했던 주의 만찬을 위한 성찬서식이 있었고 그 서식 안에는 아래와 같이 목사나 사제가 낭독해야하는 세 문장이 포함되어 있었다. "따라서 우리는 이 시간 천군 천사장과 하늘에 속한 모든 성도들 곧 영원토록 주님의 이름을 찬송하는 이들과 함께 주님을 경배합니다" 그리고 교회의 모든 회중들은 고대 유대교와 기독교 송영이었던 상투스를 부른다(상투스: 라틴어로 '거룩하다'는 뜻으로, 성만찬 미사 때에 하나님의 거룩하심을 찬양하는 전례의 찬미, 유대교 예배에서 사용되었던 것을 AD 3세기경부터 기독교에서도 사용하기 시작함: 역주). "거룩하시다, 거룩하시다, 거룩하시다. 만군의 여호와 그의 영광이 온 땅에 가득하시다.

09_참된 예배는 어떻게 우리의 성품을 변화시키는가? | 137

지극히 높은 곳에서 호산나. 주의 이름으로 오시는 이가 복되도다. 가장 높은 곳에서 호산나 찬양합니다."[18]

우주의 총체적인 연결구조 때문에 나는 개인적으로 이 고대의 송영을 즐겨 부른다(이 송영은 고대와 현대의 장엄한 멜로디가 조화롭게 각색되어 왔다). 곡의 첫 단락은 스랍들이 번갈아가며 부르는 형식을 담고 있는 이사야 6장에서 온 것이다. 두 번째 절반은(시편 118편 26절에서 인용한), 종려주일에 아이들에 의해서 불린 것으로, 언제든지 이 송영을 부르는 자들은 시간과 장소를 초월하여 예루살렘의 아이들과 함께 예수님을 우리의 삶에 환영하는 자리로 나아가는 것이다. 나는 마다가스카르와 폴란드에서 교수로 지낼 때 그곳의 성도들과 함께 이 송영을 부른 적이 있었다. 우리는 이 우주적인 웅대한 찬양을 함께 불렀다. 우리는 주일 아침 이 상투스를 부르며, 최소 예수 이전의 700년 전부터 불러왔을 이 찬미를 되새기며 그야말로 우리들의 믿음을 독려하는 "구름같이 둘러싼 허다한 무리들"(히브리서 11:1~ 12:1 참고) 속으로 빠져드는 경험을 했다.

모든 시간과 장소 전반에 걸쳐 온 성도들과 함께 하나님을 경배한다는 이해는 결국 어떠한 형태로든 일상 가운데 있는 우리의 모습에 영향을 줄 것이다. 왜냐하면 우리의 모든 삶과 사역은 구름 같은 성도들에 의해 둘러싸여 있다고 의식하기 시작했기 때문이다. 만일 우리의 아이들이 하늘의 천사들과 성도의 무리들이 그들과 함께 한다는 사실을 안다면, 때때로 그들의 믿음을 놀리거나 유혹하는 학교생활을 보다 수월하게 극복할 수 있을 것이다. 우리를 둘러싼 구름떼 같은 신자들이 우리와 함께 한다는 사실을 기억하기만 한다면 우리는 그리스도 안에서 베푸신 하나님의 은혜와 복된 소식을 전파하는데 있어 이전보다 더욱 담대해 질 수 있을 것이다.

우리가 함께 하나님의 "궁정으로 들어갈 때" 우리는 하나님의 모든 백성으로부터 나오는 믿음의 언어를 배우게 된다. 이 믿음의 언어를 배우는 것이 우리의 삶에 있어서 절대적으로 필요한 이유는 우리가 속한 문화가 더 이상 기독교 중심적인 문화가 아니기 때문이다. 기독교인으로써 살기를 원한다면 우리는 모든 영역, 예를 들면 시간, 돈, 소유, 교제, 성, 결혼, 직업, 권력, 이웃과의 관계 등에서 믿음의 언어를 배울 필요가 있다. 사회학자들은 기독교 단체나 그 밖에 다른 단체들을 포함하여 어떤 조직사회이건 간에 작은 사회가 큰 사회와 현저히 다른 종류의 삶의 방식을 추구한다면, 그곳에는 언어와 세계관 그리고 일관된 사고 체계가 필요하다고 말한다. 다른 사람들과 함께하는 예식에 속한 예배와 나눔의 모임은 기도와 찬양, 그리고 헌금과 신앙표현에 관한 실천과 습관을 가르쳐 준다. 여기서 언어는 중요한 역할로써 작용하여 하나님과 우리의 이웃 사이의 관계 안에서의 우리의 정체성을 상기시켜 주고 우리가 어떻게 다르며 그것이 왜 중요한지에 대한 안목을 보호하고 키워준다.

> 이 믿음의 언어를 배우는 것이 우리의 삶에 있어서 절대적으로 필요한 이유는 우리가 속한 문화가 더 이상 기독교 중심적인 문화가 아니기 때문이다.

우리 문화를 지배하고 있는 사고체계는 일반적으로 테크놀로지와 소비문화로 정의된다. 우리는 삶을 상품을 생산해 내는 다양한 장치로서 이해한다. 우리 사회의 모든 양상이 이러한 패러다임으로 위기에 처해 있다. 즉 교육은 학생들에게 배움의 과정에 대한 임무를 지원하는 대신 더 높은 성적표를 따내도록 몰아가고 있으며 의사와 간호사들은 환자들의 근본적인 치료에 관심을 기울이기보다는 더 많은 환자를 끌어 모으기 위한 의학과 기술 발전에만 몰입한다. 심지어는 교회조차 이러한 상품 패러다임 장치에 먹잇감이 되어 믿지 않는 이웃을 향한 환대와 연민 그리고 복음 증거로써 자신의 삶을 예물로 드리기보다는 그저 더 많은 숫자를 채우기 위해 "현란하게" 예배 스타일을 변형하는 데만 관심을 기울인다.

## 거룩한 광채 또는 거룩한 예복

시편 96편의 첫 번째 문장은 영어성경 번역본에서 다양하게 번역되었고 따라서 우리에게 약간의 혼란을 줄 수 있다. 본문은 "거룩한 예복을 입고 여호와를 경배하라"는 일종의 명령으로 들리는데 이 문장을 주일 아침에 드리는 공적 예배시에 우리가 "입어야 할" 어떤 특정한 옷을 주문하는 것으로 해석할 수 있을까? 혹은 NRSV 성경은 "거룩한 광채"로 NLT 성경은 "그의 모든 거룩한 광채 안에서"로 NIV 성경은 "그의 거룩함의 광채 안에서"로 각각 변역된 내용들이 우리의 예배 장면에 관한 것일까? 여기서 단어 거룩함이 지칭하는 대상을 하나님으로 할 것인지 아니면 우리로 볼 것인지에 따라 시편에서 말하고 있는 예복과 거룩함에 대한 이해는 판이하게 달라질 수 있다.

"예복"과 "광채"로 번역된 히브리어 단어는 6절에서 또 다른 의미를 뜻하는 단어로 쓰이며 NASB 성경은 이 단어를 "위엄"으로 번역하고 있는데 그 뜻은 우리가 단순히 입는 옷가지 이상의 의미를 담고 있다. 게다가 명사 위엄은 "거룩함"과 직접적으로 연관된 구조를 띄고 있다.

갑자기 생각이 드는 것은 내가 과연 하나님을 이런 방식으로 예배할 수 있을까 하는 것이다. 우리에게는 분명 하나님을 찬양할만한 거룩함이 내재되어 있지 않다. 오직 그리스도의 구속적 사역을 통해서만 우리는 그분의 의에 옷을 입게 되며(빌립보서 3:8-9, 에베소서 6:13-14 참고) 비로소 하나님의 임재 앞에 나아가 그분을 예배할 수 있다. 따라서 위에서 제기한 질문에 대한 시편의 대답은 하나님과 우리들 모두에게 적용되는 예복과 거룩함에 관한 내용이다. 우리가 하나님의 거룩함 안에서 예복을 입고 예배한다면 우리의 성품은 그분을 닮은 모습으로 변화될 것이다.

> **우리가 하나님의 거룩함 안에서 예복을 입고 예배한다면**
> **우리의 성품은 그분을 닮은 모습으로 변화될 것이다.**

실제로 우리가 하나님의 명성과 위엄과 그분의 영광을 찬양하면 할수록 우리의 모습은 하나님의 형상을 따라 점점 더 변해갈 것이다. 바울은 고린도인들에게 다음과 같이 말하고 있다. "우리가 다 수건을 벗은 얼굴로 거울을 보는 것 같이 주의 영광을 보매 그와 같은 형상으로 변화하여 영광에서 영광에 이르니

곧 주의 영으로 말미암음이니라"(고린도후서 3:18)

몇몇 교회들에게 논쟁을 야기하는 물질적인 예복에 관한 사소한 문제가 남아 있다. 다시 한 번 변증법적인 양극이 긴장을 갖는 대신에 서로 싸울 태세로 있다. 한쪽은 "만왕의 왕"과 "만주의 주"의 영예로 "옷 입기"를 갈망하고 있다(요한계시록 19:16). 대학 월드 투어 공연을 하던 중 우리는 태국의 국왕을 위한 공연을 했던 적이 있었는데, 그때 우리는 머리부터 발끝까지 각별하게 신경을 쓰고 모든 의상을 그들이 요구하는 최고의 조건에 맞추어 준비한 적이 있다. 하물며 우주의 대 주재이신 왕 앞에서 단정히 입는 것이 마땅하지 않을까?

마다가스카르에서 드렸던 예배 중에서 가장 인상 깊게 남아 있는 영광스러운 장면을 꼽는다면 수백 명의 아이들과 청소년들이 모두 흰 색으로 차려입고 헌금을 모아 강대상 앞으로 운반하던 장면이다. 흰색 복장은 검은 색깔의 아이들의 피부를 더욱 돋보이게 만들었다. 그들은 이미 예식 중간 중간에 다채로운 순서와 웅장한 찬양으로 많은 예물을 드렸다. 그리고 그들은 예배를 위해 자신들의 문화에서 최고의 옷을 입었다. 그들의 찬양 또한 최고의 것이었다.

최고의 의상에 대한 논쟁을 하는 자들은 각각 믿을 만한 두 가지의 중요한 관점을 견지하고 있다. 하나님은 우리가 시간과 정성을 들여 옷을 입고 예배할 가치가 있는 분이라는 것과 또한 그런 최선의 옷을 입는 것은 우리의 행위에 영향을 주고 우리로 하여금 공손함과 정중함을 가지고 행동하도록 가르친다. 첫 번째 관점은 의상을 두 종류의 복장 즉, 평상복과 "주일예배 정장"으로 나눈다. 이 관점은 과거 사회에서 보다 큰 영향력을 행사했다. 두 번째 관점은 사회적인 증거로서 학교에서는 향상된 행위로서 '교복'이라는 구별된 옷을 요구한다는 것이다.

  그와는 반대로 만약 주일에 정장을 입고 교회에 나오라고 한다면 아마도 북미의 많은 사람들은 교회를 떠나고 말 것이다. 그들의 요점은 "하나님은 당신을 있는 모습 그대로 받으신다"는 것이다. 이러한 측면에서의 주장은 또한 다른 많은 중요한 진리들을 포함하고 있는데 예를 들어 주일만 되면 많은 교회들이 패션쇼장으로 변해 여성들 사이에서 사람들의 관심을 끌기 위한 일종의 미묘한 의상 신경전이 펼쳐진다는 것이다. 또 어떤 교회에서는 경제적으로 여유롭지 못한 이들이 좋은 옷이 없어 차마 교회 나오기를 주저하는 사례가 등장하기도 한다. 현대 문화에서는 기능적으로 편한 의상이 실용성이 있고 따라서 평상복을 입는 것이 보다 일반적이다. 오리건 교향악단의 콘서트를 예로 들면 청중들은 격식을 차린 검은색 야회복에서부터 청바지까지 다양한 의상을 하고 있다.

  오리건 콘서트의 예는 어쩌면 시간을 낭비하는 하찮은 예화로 보일 수도 있겠지만 내가 이것을 예로 든 이유는, 하나의 좋은 질문이 더 나은 대답을 찾기 위해, 반대편에서 제기되는 주제들을 관통할 수 있도록 우리를 도울 수 있다는 사실에 대한 좋은 예가 되기 때문이다. 나는 다음과 같은 질문들을 스스로에게 해본다. 편안함과 자기개선에 대한 추구가 우상숭배가 될 수 있을까? 예수께서 우리가 예배를 드리고 있는 장소에 나타나신다면 나의 마음가짐과 옷차림은 어떻게 달라질게 될까? 회사에 출근할 때 나의 복장은 어떤가? 사랑하는 사람을 만나기 위해 나는 어떻게 준비하는가? 가장 중요한 것은 '예배를 드리러 나오기 전 나의 몸과 정신과 마음은 어떻게 준비되는가?' 하는 것이다.

회중들이 할 수 있는 질문 몇 가지가 있다. 옷을 잘 차려입지 못한 사람들이 교회에서 환영을 받는가? 옷을 잘 차려입은 것이 일종의 우상이 되어 회중 가운데서 영향력을 행사하고 있는가? 개인의 편리함이라는 우상이 우리의 예배를 방해하지는 않는가? 주님의 거룩하심으로 옷 입는 모습은 과연 무엇일까? 어떻게 하면 우리의 예배가 주님의 영광으로 충만하게 채워지고 모든 회중이 주님의 형상으로 변하게 될까? 예배 때 우리의 행실과 의상이 그리스도인의 모습에 어떻게 영향을 미칠까?

우리의 모든 질문의 궁극적인 목표는 예배자로서 주님을 찬양하기 위해 모이기 위함이며 그 결과로써 하나님과의 관계를 통해 형성된 우리의 참 모습이 드러나게 하기 위함이다. 우리가 예배를 통해 주님께 드리는 목소리와 마음 그리고 삶과 모든 원천들이 우리의 매일의 삶 전체를 온전히 주님께 찬양으로 드릴 수 있도록 이끌어 줄 수 있을까? 그리스도의 거룩하심으로 옷 입었기 때문에 예배드릴 수 있다는 깨달음이 우리를 동일한 은혜의 감각 안에서 매일의 삶을 자유롭게 살 수 있도록 안내해 줄 수 있을까? 이제 우리가 예배하는 방법들과 관련된 시편 96편에 나타나는 세 행의 마지막 단계로 돌아가면서, 하나님의 거대한 자비를 통해서만 그분을 예배할 수 있다는 것을 항상 주목해야 하고 우리가 두려워 떠는 만큼 우리의 모습도 영향을 받는다는 사실을 주목해 보자. 우리가 기꺼이 예배드리지 않는다면 예배가 우리의 삶에 어떤 영향을 줄 수 있겠는가?

## 예배가 주는 놀라운 특권

시편 96편 9절의 두 번째 행은 해석자들에 의해서 약간의 해석적 차이를 낳는다. NRSV 성경은 이 부분을 "그 앞에서 떨지어다"라고 해석하고 있고, NEB 성경은 이 부분을 "그의 영광 앞에 춤출지어다"라고 했다. 이것은 경외에 대한 명령일까, 아니면 축제에 대한 명령일까? 주 앞에서 온 세계가 떨어야 한다는 명령이 우리의 예배에 영향을 미치는 동시에 신자로써의 우리들의 삶을 개선시킬 수 있을까?

상호 연관성을 가진 시편 96편과 시편 29편을 비교해봄으로써 우리가 위에서 제기한 질문들에 대한 실마리를 찾아볼 수 있다. 시편 29편은 "여호와께 돌릴지어다"와 함께 세 가지 명령으로 시작된다. 시편 96장 7절~8절 전반부에 나타나는 명령과 비슷하면서 다른 내용이다. 우리가 사용하고 있는 성경에서 "떨지어다"로 변역하고 있는 부분을 시편 29편 8절은 아래와 같이 "진동한다"로 표현하고 있다.

> 여호와의 소리가 물 위에 있도다
> 영광의 하나님이 우렛소리를 내시니
> 여호와는 많은 물 위에 계시도다
> 여호와의 소리가 힘 있음이여 여호와의 소리가 위엄차도다 …
> 여호와의 소리가 광야를 진동하심이여
> 여호와께서 가데스 광야를 진동시키시도다 (시편 29:3-4, 8)

> The voice of the LORD is upon the waters;
>
> The God of glory thunders,
>
> The LORD is over many waters.
>
> The voice of the LORD is powerful,
>
> The voice of the LORD is majestic. ...
>
> The voice of the LORD shakes the wilderness,
>
> The LORD shakes the wilderness of Kadesh.
>
> (Psalm 29:3-4, 8)

가데스 광야가 이스라엘의 불순종의 상징으로 쓰였던 것을 기억해 볼 때, 이 시는 자연현상과 더불어 역사 위에서 펼치신 하나님의 권능에 관한 것이 분명하다(민수기 32:8, 신명기 1:46, 9:23, 32:51 참고). 신명기 32:51은 굉장히 중요한 구절인데 그 이유는 "네가 나와의 믿음을 깼고... 나를 거룩하게 여기지 않은 까닭이다"라는 말씀에 나타난다. 모세는 약속의 땅을 눈앞에 두었지만 하나님의 거절로 그 땅에 들어가지 못하게 된다. 우리의 죄악을 인식한다면 우리는 당연히 하나님의 임재 안에서 떨 수밖에 없다.

이와 상응하여 시편 96편의 명령 또한 우리가 주님께 예배드릴만한 자격이 없음을 상기시켜준다. 우리가 하나님 앞으로 나아갈 수 있는 유일한 이유는 그분의 낮아지심과 무한한 사랑 때문이다. 바로 이것에 대한 깨달음이 하나님의 엄청난 구원의 선물과 예배드릴 수 있는 놀라운 특권을 우리에게 보여주며 또한 깊은 경이감으로 우리를 충만하게 채워 주는 것이다. 이러한 인식의 두 차원, 즉 '두려움'과 '기쁨'을 염두에 두고서 우리의 논의를 좀 더 확장해 보자.

첫 번째 차원은 예배 때 죄의 문제를 거론하지 않는 현대적 경향과 관련이 있다. 몇몇의 마케팅 전문가들은 '죄'라는 단어가 예배에 참석한 사람들에게 불편함을 주거나 혹은 자존감을 낮출 수 있기 때문에 사용해서는 안 된다고 주장한다. 그러나 내가 확인한 성경본문은(일반적인 경험 역시) 정 반대의 내용을 말하고 있다. 현대문화 속에서 사람들은 진정한 용서를 갈망하고 있기 때문에 그들은 죄에 대해 말하고 싶어 한다. 그들의 잠재의식 속에서라도 마찬가지다. 우리 모두가 뼈저리게 경험했듯이 우리는 자신이 원하는 것은 하지 못하고 도리어 원치 않는 것을 행한다(로마서 7장 참고). 모든 게 잘 될 것이라는 막연한 기대와 아무것도 아니라는 자기위로 같은 거짓말로는 우리의 자존감을 고양시킬 수 없다. 그러나 우리는 우리를 "사랑하시며" 우리의 모든 죄를 용서하시는 삼위일체 하나님을 아는 지식과 은혜 안에서 비로소 최고의 자존감을 발견할 수 있을 것이다.

따라서 우리는 죄인으로서 예배에 참여하기 때문에 떨 수밖에 없다. 하지만 시작과 동시에 우리의 죄를 고백하고 목사나 인도자를 통해 그리스도의 이름으로 죄 용서의 분명한 메시지를 선포하고 있는 강력한 예배는 우리에게 참된 자유를 주어 하나님의 임재 안에서 기뻐 뛰게 만든다. 그리고 이런 예배에 대한 경험은 우리를 더 이상 죄 짐을 지고 힘겹게 일상을 살아가는 모습이 아닌 용서 받은 사람들로 살아가게 만들어 줄 것이다. 우리가 자신의 죄를 스스로 용서한다는 것은 일반적으로 불가능하기 때문에, 하나님의 자비하심에 근거한 하나님과의 완전한 화목에 대한 목회자의 선포야말로 예배에서 맛 볼 수 있는 가장 큰 선물 가운데 하나다. 우리가 알고 지은 혹은 모르고 지은 모든 죄가 예수 그리스도를 통해 용서되었다는 분명한 선언은 우리가 세상 가운데서 크게 외칠 수 있는 가장 좋은 소식이다. 왜 우리들의 교회는 죄인들과 억눌린 자들에게 이 기쁜 소식을 전하기를 꺼려하는가? 만약 예배가 우리를 용서받은 성도로써 자유롭게 살게 해준다면 우리의 삶 또한 실패와 후회를 안고 사는 죄인의 모습이 아닌 놀라운 변화를 경험하는 모습이어야 하지 않을까? 예배 중에 실행되는 죄 고백과 용서함의 경험은 우리에게 회개를 훈련하게 하고 삶 가운데서 용서를 실천하게 만든다. 그것은 예수님께서 그분의 몸 된 교회 즉 우리 모두에게 죄를 용서할 수 있는 권한을 허락하셨기 때문에 가능한 것이다.

> 하나님의 자비하심에 근거한 하나님과의 완전한 화목에 대한 목회자의 선포야말로 예배에서 맛 볼 수 있는 가장 큰 선물 가운데 하나다.

시편 96편에 "떨지어다"라는 구절로 제기된 두 번째 주제는 예배참석에 동기를 부여하는 근본적인 이유와 연관되는 내용이다. 이 책의 서두에서 우리는 자기 취향에 맞는 예배를 선택할 때 따르는 문제점들과 특별히 교회에서 제공하는 다양한 형태의 예배가 회중을 소비자로 만들어 버리는 문제들에 대해 고민했다. 여기서 우리가 피할 수 없는 더 곤란한 문제가 있다. 그것은 예배의 진정한 목적을 전복시키는 것으로써 예배참여의 문제를 순전한 은혜를 환영하고 하나님의 명령에 순종하는 대신 우리들의 선택의 문제로 일축시켜 버리는 것이다.

　우리의 사회는 정신을 마비시킬 만큼 많은 선택으로 둘러싸여있다. 아침 식탁에는 다양한 종류의 시리얼들이 올라와 있고, 여가활동을 위한 오락프로그램의 종류가 즐비하며 머리를 싸매고 살펴보아야 할 만큼 많은 종류의 전자제품들이 시중에 있다. 그야말로 선택의 시간이 모자랄 정도로 많은 선택의 대안들에 둘러싸여있는 형편이다. 북미에서 기독교 인구가 감소하는 여러 이유들 중 하나가 바로 선택의 다양성이다. 주일 아침에 즐길 수 있는 흥미로운 선택이 넘쳐나며 우리의 삶을 윤택하게 해줄 만한 것들이 기다린다.

　우리 아이들의 믿음의 토대를 흔드는 나쁜 요소 중에 하나는 부모들이 사회적 흐름에 따라 공적예배를 자녀들의 취양에 따라 선택하도록 방관한데 있다. 나는 예배를 마음대로 선택할 수 없는 환경에서 나를 키워주신 부모님께 늘 감사드린다. 우리가족에게 있어서 예배는 선택사항이 아니었다. 나는 아주 일찍부터 모친으로부터 예배교육을 받았다. 어머니는 아직 글도 모르는 어린 나를 옆에 앉아두고 매번 찬양을 할 때마다 찬송가 가사에 손가락을 짚어가며 찬양을 부르셨다. 이런 어머니의 교육 방법은 유아였던 내게 자극이 되었고 나아가 예배에 참여하도록 이끄는 동기가 되었다. 모든 어머니들이 내가 겪었던 유익한 경험을 자신의 자녀들이 맛볼 수 있도록 도와주기를 바란다.[19]

　우리는 하나님의 백성들이 드리는 공적예배, 예를 들면 주일예배, 수요예배, 사순절예배, 부활절예배 그리고 크리스마스 등 모든 거룩한 예배에 참여해 왔다. 나는 유년시절부터 일찍이 내안에 예배의 기쁨과 예배습관을 새겨 넣어 주신 부모님께 진심으로 감사드린다. 이 습관이 내게 많은 시간을 절약해준다고 농담을 하곤 하는데, 왜냐하면 우리 부부는 주일 아침에 예배를 드려야 할지 말아야 할지 고민할 필요가 없기 때문이다. 우리는 당연히 예배를 드리러 간다. 십일조 습관도 마찬가지다. 나는 십일조 문제로 고민해 본적이 없다. 내 남편과 나는 어려서부터 하나님의 백성으로서 마땅히 십일조를 드려왔기 때문이다! 사실 북미에 사는 우리가 고민해야 하는 실질적인 문제는, 지구촌의 여러 나라들과 비교했을 때 경제적으로 넉넉한 입장에서 하나님의 뜻을 위해 십일조 외에 과연 몇 퍼센트를 추가적으로 드릴 수 있는지에 관한 것일 것이다. 우리의 소득에 절반을 드릴 수는 없을까?

> 규칙적인 예배습관이 진정으로 영광스러운 일인 까닭은 이 습관은 결국 우리를 주님께 무릎 꿇게 만들고 예배자로서의 특권을 잃어버리지 않게 해주기 때문이다.

규칙적인 예배습관이 진정으로 영광스러운 일인 까닭은 이 습관은 결국 우리를 주님께 무릎 꿇게 만들고 예배자로서의 특권을 잃어버리지 않게 해주기 때문이다. 뿐만 아니라 언제나 하나님 중심으로 살기를 갈망하게 하며 세상의 흐름을 거슬러 영적 지표를 따라 우리의 존재와 책임을 발견하도록 이끌어준다. 나의 한 주의 시작은 예배에 대한 기쁨과 주일성수로부터 시작된다.[20] 나는 거기서부터 한 주간에 필요한 힘을 공급받는다. 뿐만 아니라 예배의 습관이 나로 하여금 계절의 변화가 아니라 회개(주 앞에서 떠는 모습)와 기다림과 준비(대림절, 사순절, 승천절) 그리고 축제(성탄절, 부활절, 오순절)와 하나님의 행하신 놀라운 권능의 선포(주현절 기간, 부활 후 40일간, 오순절 기간)를 통해 1년의 절기를 생각하도록 가르쳐왔다. 이제 그러한 선포를 위한 주제를 다루어 보자.

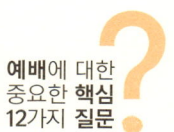

Question 10

하나님의 다스리심은
예배와 복음전도에
어떤 영향을 주는가?

Question 10

# 하나님의 다스리심은
# 예배와 복음전도에 어떤 영향을 주는가?

모든 나라 가운데서 이르기를 여호와께서 다스리시니
세계가 굳게 서고 흔들리지 않으리라
그가 만민을 공평하게 심판하시리라 할지로다 (시 96:10)

Say among the nations, "The LORD reigns;
Indeed, the world is firmly established, it will not be moved;
He will judge the peoples with equity." (Psalm 96:10)

시편 96편 10절은 복음전도의 메시지를 알려준다. "모든 나라 가운데서 말하라"고 하는 내용이 무엇인지 말해주며, 우리가 하나님을 찬양하기 위해 모였을 때 배우게 되는 내용이 무엇인지 더 깊이 알 수 있도록 도와준다. 우리는 앞장에서 하나님을 어떻게 예배하느냐에 따라 우리의 모습이 달라질 수 있는지를 확인했었다. 다시 말하자면, 삶의 모든 것을 '예배'와 '예물'로 이해할 수 있도록 우리를 성장시켜준다는 것, 우리를 통해 일하시는 주님의 거룩하심에 대한 감각으로 우리를 무장시켜준다는 것, 그리고 찬양으로 반응하는 의무와 특권과 용서할 수 있는 자유로써 우리에게 기쁨을 선사한다는 것이었다. 이 시편에서 강조하는 또 하나의 양상은 우리가 "여호와를 찬양"하고 "주님의 이름 앞에 영광을 돌릴 때" 나타나는 것으로, 우리는 하나님의 장엄함에 사로잡혀 모든 이웃과 모든 나라 가운데서 이 사실을 전하고 싶게 된다는 것이다.

우리 삶 가운데 "주님이 다스리신다"고 했을 때, 우리는 하나님의 통치 안에서 경험할 수 있는 기쁨을 다른 누군가에게 알리고 싶어질 것이다. 하나님의 충만한 통치가 세계를 견고하게 쥐고 계심을 볼 때 국제적인 정치와 세계경제의 불안감을 떨쳐버리고 신뢰와 확신을 갖도록 우리의 이웃에게 독려하고 싶어질 것이다. 또한 우리는 돈 많은 자들이 환영받는 극도로 불공평한 세상에서 하나님의 궁극적인 공평과 정의를 열렬히 선포하게 될 것이다. 이러한 확신은 모두 강한 믿음을 동반한다. 기독교가 전하고 있는 메시지는 균형 잃은 세상에서 진정으로 좋은 소식이 아닐 수 없다. 삼위일체의 하나님께서 견고한 초석으로 고정시킨 우리의 인생은 더 이상 하나의 닻으로 위태롭게 정박한 배처럼 혼돈과 붕괴의 거센 파도 위에서 휘청거리지 않는다. 급변하는 포스트모던 사회 속에서도, 많은 이들이 도덕적 토대를 찾고 있고, 어떤 사람은 보안을 염려하며, 어떤 사람은 안전을 보장받고 싶어 하며 또 다른 사람들은 확실한 미래를 소망한다.

예배가 하는 일은 세상을 재해석하는 일이다! 인간의 관점으로 세상을 바라보면 두려움, 염려, 의심, 절망을 일으킬 만한 막대한 요소들이 세상에 넘쳐나 있다. 그러나 우리는 예배를 통해 하나님을 목도하고 우리의 삶과 우주 전체를 감싸고 있는 그분의 통치를 배운다. 우리는 이사야 6장이 보여주고 있는 상투스 선언 즉, "하늘과 온 땅에 충만한 하나님의 영광"을 구하는 법을 배운다. 또한 우리는 예배를 통해 악의 권세를 무너뜨리는 그리스도와 모든 나라를 다스리시는 하나님의 왕권을 보여주는 성경적 내러티브를 재검토한다.

**예배가 하는 일은 세상을 재해석하는 일이다!**

우리가 세상을 재해석할 수 있을 만한 큰 그림을 어떻게 소유할 수 있겠는가? 예배를 대적하고 나를 혼란스럽게 하는 한 가지 요소는 빈약한 성경 말씀으로 드리는 예배에 대해서 무감각하며 그러한 예배를 철통같이 고수하는 교회들이다. 매번 예배 때마다 관례적으로 '개정 공동 성서일과(Revised Common Lectionary)'에서 구약, 시편, 서신서, 복음서 등의 과목을 3~4과 정도씩 포함시켜 낭독하는 교회가 있는가 하면, 자유교회(free church) 전통을 따르는 예배에서는 오직 한 과나 혹은 몇 구절만 낭독한다.

다시 한 번 우리는 두 개의 변증법적 진리를 확인할 수 있다. 우리는 전체 성경의 거대한 이야기 즉, 하나님의 속성에 대한 명확한 설명과 마지막에 하나님 나라의 정점으로 드러나는 세상을 향하신 그분의 일하심에 관한 더 나은 감각을 키우기 위해 성경에 귀를 기울여야 한다. 다른 한 편으로 우리는 성경에 감추어진 보화를 캐내기 위해 더 깊이 성경말씀을 묵상해야 한다.

이 책에서 다루는 다른 모든 변증법적 조화와 마찬가지로 여기서 우리에게 요구하는 바는 우리의 교회가 예배 중에 성경을 제대로 사용하고 있는지 바로 질문해 보라는 것이다. 우리는 매 시간마다 예배 참석자들에게 "하나님의 온전한 위로"를 드러내고 있는가? 매 예배 때 마다 시대를 읽어내는 특정한 본문으로 구성된 큰 틀의 거대한 이야기로 그들을 자극하고 있는가? 우리의 설교는 세상을 재해석하게 해주고 하나님 나라의 온전한 그림을 그려냄으로써 청중으로 하여금 그 나라로 들어가 한 주 전체를 그 진리 가운데서 살도록 도와주고 있는가? 과연 우리의 예배는 하나님의 통치로부터 나오는 참된 기쁨으로 참여자들을 만족케 하고 또 그들이 믿지 않는 이들에게 자발적으로 하나님의 통치에 대해 전파하도록 이끌어 주고 있는가? 다른 말로, 예배 중에 임한 하나님의 그림이 성도들이 남은 주간을 파송 받은 준비된 선교사로 지낼 만큼 포괄적인가?

하나님의 통치의 또 다른 측면을 살펴볼 필요가 있는데 이것은 오늘날 예배에서 어느 정도까지 문화적인 요소들을 사용할 것인지에 관한 문제와 관련이 있다. 예를 들어 세속적 곡을 사용한 어떤 목회자의 전략은 지지자들 사이에서 넓게 모방되고 있다. TV토크쇼 사회자를 닮은 듯한 목회자의 풍채, 예배자들로 하여금 공연장 같은 좌석에 커피 잔을 꽂아 둘 수 있게 만든 예배실, 예배처소에서는 기독교적인 상징들은 사라지고 있다. 우리의 예배장소가 꼭 기독교적으로 구분되어야 할까? 예배 중에는 찬양만 불러야 하는가? 목회자는 성경적 권위에 걸 맞는 의상을 입어야만 하는가? 아메리카 원주민의 기도 같은 비기독교적인 기도문을 사용해야 하는가? 이러한 질문들은 이 책 2장과 9장에서 제기했던 근본적인 질문들 즉 '누가 예배를 받고 있는가?' 그리고 '참된 예배는 어떻게 우리의 성품을 변화시키는가?'와 같은 질문들을 유념하지 않은 채로 정당하게 다룰 수는 없다. 그리고 이 질문들은 다음과 같은 또 다른 질문에 의해 다듬어진다. 우리는 어떻게 하면 예배자들에게, 그들이 하나님의 임재 안에 들어갈 자격이 없음에도 불구하고 그분의 은혜로 말미암아 하나님의 임재를 경험하는지에 대한 감각을 지속적으로 줄 수 있을까? 어떻게 하면 신자들에게 성경의 권위가 세상의 다른 모든 책들과 다르다는 사실을 일깨워줄 수 있을까? 어떻게 하면 성도들이 하나님의 백성으로서 세상 한 가운데서 매일의 삶을 살아갈 수 있도록 제대로 된 도움을 줄까? 새로운 감각을 경험한 사람들에게 또한 그들의 의식 안에 하나님의 충만한 임재가 뿌리를 깊이 내렸다는 사실을 어떻게 확신시킬 수 있을까?

> 근본적인 질문들 즉 '누가 예배를 받고 있는가?' 그리고
> '참된 예배는 어떻게 우리의 성품을 변화시키는가?'와 같
> 은 질문들을 유념하지 않은 채로 정당하게 다룰 수는 없다.

마지막 질문을 제기한 이유는 기독교의 상징성이 우리의 예배를 깊게 해주기 때문이다. 강대상 위에 놓인 대형 성경(말씀이 우리보다 크다는 사실을 상기시켜주는 목적으로 장식된), 현수막, 제단의 천들, 이미지 형상, 조각상, 십자가, 촛대, 성령의 꺼지지 않는 조명을 상징하는 불빛 등, 성화들, 스테인 글라스 유리창, 꽃, 전례색, 천연 향, 성만찬용 잔과 대접, 세례(침례) 단 등은 하나님이 누구시며 어떤 일을 행하셨는지에 대한 시각적 목적의 장치들로써 사용되어 우리의 눈을 즐겁게 해준다. 향, 감촉, 맛, 시각, 소리가 있는 이런 예배 장소는 신성한 장소로서의 분위기를 넘어 다른 곳에서는 떠올려 볼 수 없는 생각 즉 우리가 여기에 왜 왔는지를 상기시켜주는데 그 이유는 우리의 모든 초점이 하나님께 고정되기 때문이다.

많은 이들이 이런 "신성한" 장소가 믿지 않는 자들과 구도자들에게는 낯설게 느껴지게 할 수 있다는 주장을 하는데 그 말이 맞는 말일수도 있다. 하지만 분명히 기억해야 할 것은 복음전도가 예배의 우선적인 목적은 아니라는 사실이다. 오히려 모든 교회식구들은 일상적인 삶에서의 사역을 통해 이웃들을 예배에 초대할 수 있다. 우리가 이웃에게 친절하게 대할 때, 교회 장식들을 낯설게 느끼는 그들에게 다가가 자상하게 그 의미들을 설명해 줄 때, 친구들에게 예배가 무엇인지 왜 예배가 중요한지를 주어진 능력에 따라 소개할 때 비로소 우리의 이웃들은 일종의 우정을 느끼며 훗날 하나님의 깊은 임재를 발견하는 자리까지 나올 수 있을 것이다.

기독교인과 비 기독교인의 결정적인 차이는 참된 하나님께 순전하게 예배하는지 그렇지 않은지에 있다. 그러한 이유에서 '예배 때 세속적 요소를 사용할 것인가?'에 대한 우리의 모든 질문들은 결국 교회와 예배에 관한 성경적인 특징들을 잃지 않으면서 '어떻게 문화적 혜택을 자연스럽게 활용할 것인가?'에 대한 주의 깊은 고민으로 나아가게 한다.

우리는 문화적 기반들로부터 달아날 수 없다. 우리에게는 언어가 있으며 다양한 문화적 토대위에서 생성된 다양한 음악이 있고 과거와 현대의 문화에 흐름에 따라 개발된 수많은 책과 도구들이 있다. 모든 교회들은 언제나 문화의 거센 유혹에 휩쓸리지 않으면서 미묘한 균형을 바로 잡고 문화적 유산을 가치 있게 사용해야 할 사명이 있다. 진정한 그리스도인으로 거듭나기 원하는 우리들 앞에 불신자들은 막대한 영향력을 행사한다. 또한 이 시대에 필요한 믿음의 언어를 배우지 못하게 하려고 문화로부터 우리를 고립시키려는 거대한 세력이 있다.[21] 모든 회중들은 끊임없이 질문해야 한다. 이 예배를 받으시는 분은 누구신가? 참된 예배는 어떻게 우리의 성품을 변화시키는가?

만약 우리가 하나님의 백성으로 온전히 변화된다면 세상을 향한 우리의 증언은 보다 믿음직스러워질 것이다. 세상은 믿음을 보증해줄 만한 책임 있는 신앙인들을 요구한다. 만약 우리가 삶을 통해 하나님 나라를 증명해 준다면 모든 나라들은 우리를 통해 하나님 나라를 볼 것이며 "하나님이 통치하신다"는 우리의 선포를 무시하지 않고 도리어 열렬한 참여자로 나올 것이다.

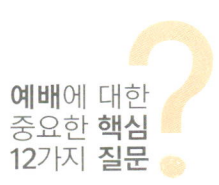

How Shall We Worship?

10_하나님의 다스리심은 예배와 복음전도에 어떤 영향을 주는가?

예배에 대한 중요한 핵심 12가지 질문

Question 11

창조세계는
우리에게 어떠한
찬양을 가르치는가?

**Question 11**

# 창조세계는 우리에게 어떠한 찬양을 가르치는가?

하늘은 기뻐하고 땅은 즐거워하며
바다와 거기에 충만한 것이 외치고
밭과 그 가운데에 있는 모든 것은 즐거워할지로다
그 때 숲의 모든 나무들이 여호와 앞에서 즐거이 노래하리니
그가 임하시되 땅을 심판하러 임하실 것임이라 (시 96:11-13a)

Let the heavens be glad, and let the earth rejoice;
Let the sea roar, and all it contains;
Let the field exult, and all that is in it.
Then all the trees of the forest will sing for joy
Before the LORD, for He is coming; (Psalm 96:11-13a)

　이 책을 시작하면서 소개한 아브라함 조슈아 헤셸의 시구는 우리의 찬양에 대한 모델로서 창조세계를 제시했다. 시편 96:11-13a절은 하나님이 창조하신 자연이 우리들에게 예배의 주제에 관하여 가장 중요한 교훈을 가르치고 있다는 것을 보게 한다. 모든 피조물들은 각각 그들의 전 존재로 하나님을 찬양하며 산다. 하늘과 땅과 바다와 그 안에서 숨 쉬는 모든 생물들과 그리고 들판과 거기에 깃든 수목과 그 모든 것들은 여호와께 영광을 돌린다. 그렇다면 그들이 왜

즐겁게 찬양하는가? 그 이유는 바로 그분이 오시기 때문이다!

> 모든 피조물들은 각각 그들의 전 존재로 하나님을 찬양하며
> 산다. 모든 것들은 여호와께 영광을 돌린다. 그 이유는 바로
> 그분이 오시기 때문이다!

본문에서 쓰이고 있는 히브리어 동사는 권고의 의미를 가진 지속동사인데, 따라서 여기서는 창조세계가 제시하는 끊임없는 즐거움과 기쁨과 노래를 말한다. 바다와 관련된 동사 '외치다(roar)'를 제외한 모든 동사들은 윤택함, 흥분, 환희를 담고 있다. 동사 "외치다"는 "여호와의 음성"을 언급하는 히브리어 단어 천둥에 그 어근을 두고 있다. 이 구절은 시편 29편에서 7차례나 반복되고 있고 시편 96편 후반부의 원자료이다. 이것을 자세하게 설명하는 이유는 창조세계의 모습과 동사들의 조화를 통해 시편 29편과 96편이 보여주고 있는 여호와의 우주적 성전 속에서 어떻게 모든 피조물들이 "영광받기에 합당하신 하나님을 찬양하는지"를 말하고 싶기 때문이다(시편 29:9). 특히 시편 96편은 하늘과 땅과 바다와 모든 들판 속에 있는 모든 나무와 생물들이 지어진 모습에 따라 하나님의 통치의 정점을 내다보며 그분 앞에서 지금 자유롭게 존재함을 보여준다.

이와 같은 성찰은 바른 예배를 추구하는데 있어서 중요한 일이다. 왜냐하면 모든 창조세계와 더불어 하나님을 찬양하는 노력이 우리를 하나님의 오심을 경험하는 자리로 몰아갈 것이기 때문이다. 더 나아가서 온 우주 안에 모든 공간

과 장소 그리고 그 안에 있는 모든 창조세계는 여호와께서 오실 때 임할 완성을 기다리며 그들이 지음 받은 대로 합력하여 온전히 지속적으로 하나님을 어떻게 찬양해야 하는지를 보여준다.

우리도 이런 모습으로 하나님을 찬양할 수는 없을까? 더 나아가서 하나의 공동체로서 함께 피조물이 되는 법을 배울 수는 없을까?

21세기의 교회 속에서 내가 가장 염려하고 있는 바는 우리의 문화가 너무 개인주의적이기 때문에 일어나는 문제이며, 실제로 많은 곳에서 예배가 그렇게 되어가고 있기 때문이다. 시편 96:11-12절은 모든 자연계가 다 함께 흥분과 열광 속으로 들어가며, 합력하여 하나님을 찬양하는 그림을 보여준다. 창조세계는 본래 인간의 죄로 손상됨이 없이 상호 협력적으로 조화롭게 일치를 이루어 하나님의 영광을 들어내도록 설계되었다. 안타깝게도 우리들의 교회는 창조세계와 같은 모습을 따라 살지 않는 것 같다.[22]

나는 이 책 전반에 걸쳐서 예배는 하나님을 위한 것이고 그 중요한 결과로 우리들의 모습이 하나님의 형상대로 변한다는 것을 강조해 왔다. 내가 또한 강조하고 싶은 바는 참된 예배는 우리 공동체의 모습을 삼위일체 하나님과 같은 모습으로 형성한다는 사실이다.

하나님을 닮은 공동체는 예배에 대한 갈등을 다룰 때 두 그룹으로 나누거나, 몸의 일부를 억누르는 강압적인(계급에 따르든지 아니면 민주적이든지) 결정으로 하지 않는다는 것이 그렇게 중요한 이유이다(그 때문에 성령의 몇 가지 은사들이 그럴 수 있다!). 예수 그리스도가 머리이고 우리는 모두 그의 동등한 몸의 부분들이라는 사실은 교회가 계급사회가 아니라는 것을 보여준다. "각 사람에게 성령을 나타내심은 유익하게 하려 하심이라"(고린도전서 12:7). 또한 교리적인 문제(혹은 예배에 관한 문제)를 투표를 통해 결정하지 않는다는 사실은 교회가 민주사회가 아니라는 것을 보여준다. 오히려 이러한 문제들은 성령의 특별한 은사를 받고 잘 교육된 이들을 통해서 결정되는 사안들이다.

그러나 많은 교회들은 사전조사를 통해 참여자들이 원하는 예배방식을 묻거나 혹은 사회학적 현상을 고려해 사회적으로 원하는 방향과 그들의 입맛에 맞추어 예배방식을 결정한다. 예배를 받으시는 분은 하나님이시고 우리는 예배를 통해 변화된다는 사실을 기억한다면 예배에 관한 우리의 요구는 맨 나중에 들어도 늦지 않을 것이다. 참여자들이 요구하는 사항들이 그리스도의 전체에 또는 그들에게 있어 좋지 않은 것들일 수 있다. 교회는 더 이상 소비자의 구미에 맞춰 드리는 예배를 멈추고 어떻게 하면 예배를 통해서 "진정한 그리스도인들과 참된 기독교 공동체"를 형성해 낼 것인지를 고민해야 한다.

예배는 사회적 우상숭배문화를 거부한다는 측면에서 반 문화적이라 할 수 있다. 만약 성경을 따라 예배가 온전히 드려진다면 그 예배는 믿는 자들과 기독교 공동체를 조성할 것이고 이것이야말로 의심할 나위없는 사회적 대안이 될 것이다. 그렇게 되면 예배에 대한 결정도 대안적인 방법으로 확대될 수 있다.

신실한 교회는 절대로 민주사회나 계급사회로 치우칠 수 없고 치우쳐서도 안 된다. 오히려 신실한 교회는 성령주의적이며 은사주의적인데 그것은 그리스도를 머리로 하고 성령의 권능으로 지배받는 몸으로서 성령주의(spiritocracy)적이며, 성령이 선물로 준(그리스어 charisma의 뜻으로) 의미로써 지도력을 타나내는 은사주의(charismacracy)적이다.

만약 우리들의 교회가 진정으로 은사주의적이라면 우리는 더 이상 그 어떤 계급사회나 부와 권력이 지배하는 다수에 의해 조종되지 않고 다만 성령의 은사를 통해 부여된 참된 권위아래서 움직일 것이다. 따라서 우리는 함께 예배를 위한 우선순위를 결정하며, 교회력 안에서 때를 분별하고, 예배를 위한 적합한 주제 본문과 다양한 선택을 재어 볼 수 있을 것이다. 또한 어떻게 하는 것이 우리가 보다 하나님께 집중하고 나아가 성경을 통해 계시된 하나님의 뜻에 걸 맞는 공동체와 신자로서 변할 수 있는지 그 초점을 분별할 것이다.

은사주의적인 예배는 목회자의 은사를 요구하는데 목회자의 영적생활은 개인의 헌신적인 훈련으로 끊임없이 양육되고, 목회자는 성경에 나타나는 하나님의 계시를 따르고 부지런히 연구하며, 거의 매사에 걸쳐 하나님께 직접 듣는 훈련을 거듭한다. 목회자는 예배의 의미를 밝히 드러내주고 교회 전반에 걸쳐 적용하며 찬양대와 예배 위원에게 성경적이고 신학적인 최고의 조건을 갖추도록 지도하며 가장 통합적이고 적절한 방법으로 예배자들이 그날에 주시는 본문 말씀 속에서 여호와의 "영광과 능력"안에 빠져들도록 이끈다.

은사주의적인 예배는 또한 교회 음악사역자들의 은사에 의지한다(오르간 연주자, 기타리스트, 플룻 연주자, 바이올린 연주자, 싱어, 지휘자 등). 시대에 걸쳐 교회음악성장을 연구해온 사람들은 역사의 인식 밖에서 더 많이 기여해 왔다. 예배를 담당하는 모든 음악가들에게 기술들을 연마하는 것과 끊임없이 모든 예배에 대한 성경의 기초를 이해하기 위한 연구 작업은 필수적이다. 또한 다양한 교파들과 음악 제작자들은 음악사역자들에게 세미나와 시연회를 열어주어 예배자들이 시편과 찬송가와 여러 성가 곡들에서 이미 경험된 것과 같은 주님의 "영광과 능력"에 빠질만한 최고의 음악을 찾도록 돕는다.

은사주의적인 예배에서는 공동의 예배를 위한 목적으로 보통 다양한 회중을 포함한 예배위원회를 수반한다. 연령, 사회적 지위, 전문적인 지식, 성령의 은사 등을 고려한다. 예배 위원회는 신자들을 위해서 영적으로 분발하여 예배와 성경 공부에 규칙적으로 참여하고 각종 예배 컨퍼런스나 학술회에 부지런히 참가한다. 또한 그들은 목회자와 음악 전문가들과 팀을 이루어 협력하고 다른 회중의 의견과 조언에 경청하여 예배가 담고 있는 모든 요소들로부터 맛볼 수 있는 여호와의 "영광과 능력" 속으로 예배 자들을 잠식시킬만한 예배를 세운다.

이러한 신학적이며 음악적인 구성요소와 헌신된 위원들은 성령의 지시를 따라서 전체 은사화된 공동체를 위해서 몸의 예배로 그들의 제물을 가져오는 것이 가능하게 한다. 이것이 은사주의적인 제사의 목표라는 사실을 기억하라. 예배에 집중하는 것 자체가 하나님을 주목하게 만들 것이고 전체 회중이 진정한 공동체로 엮어지게 할 것이며 신자들이 변함없는 예수의 신실한 추종자가 되게 할 것이다.

물론 이러한 것들은 이상적인 것이다. 우리는 여전히 죄악된 세상에 살고 있다. 주님께서 오시기 전까지 우리들의 찬양은 완전하지 못할 것이다. 우리의 공동체들은 예배에 관해 취향과 형태와 의도와 목적을 놓고 이견이 있을 것이다. 그러나 우리가 예배의 진정한 목적을 항상 기억하고 우리의 결정을 성경의 기초위에 두고, 틈만 나면 기어들어오는 우상 숭배적 요소에 경각심을 갖고 성령의 권능으로 이루어지는 은사주의적인 예배가 되기를 구한다면, 우리는 차이를 메우는 역할을 하게 될 것이고 "하나의 기독교 공동체"로서 그 같은 갈등을 해결해 가게 될 것이다. 하늘과 땅과 바다와 육지와 식물들과 생물들과 시공간을 걸쳐 모든 성도들과 함께 우리는 교회공동체로서 참여할 수 있겠는가? 우리가 받은 모든 최고의 은사들을 가지고 주님을 높이며 장차 완성될 하나님 나라의 충만한 즐거움을 가지고 함께 기뻐할 교회 공동체에 참여할 수 있겠는가?

예배에 대한 중요한 핵심 12가지 질문

How Shall We Worship?

11_창조세계는 우리에게 어떠한 찬양을 가르치는가?

예배에 대한 중요한 **핵심** 12가지 **질문**

**Question 12**

# 예배는 어떻게 미래를 품고 오늘을 살게 하는가?

Question 12
# 예배는 어떻게 미래를 품고 오늘을 살게 하는가?

그 때 숲의 모든 나무들이 여호와 앞에서 즐거이 노래하리니
그가 임하시되 땅을 심판하러 임하실 것임이라
그가 의로 세계를 심판하시며
그의 진실하심으로 백성을 심판하시리로다 (시 96:12b-13)

Then all the trees of the forest will sing for joy
Before the LORD, for He is coming,
For He is coming to judge the earth.
He will judge the world in righteousness,
And the peoples in His faithfulness. (Psalm 96:12b-13)

　　시편 96:11-12에서 살펴본 대로, 모든 창조세계는 우리에게 예배의 모델을 선사해준다. 특별히 우주 전체가 "여호와 앞에서, 그가 임하시리라" 그분을 찬양한다. 성경학자들은 "그분이 임하신다"는 구절이 중복되었기 때문에 여호와의 나타나심에 주목한다. 하늘과 땅과 모든 것들이 "그가 반드시 임하실 것이라"고 선포한다. 그것이 바로 예배를 통해 하나님 나라의 미래를 강력하게 전파할 수 있는 이유이며 왜 우리가 이 사실의 기초위에서 현재를 살아갈 수 있는

지에 대한 설명이다.

더 나아가 여호와께서는 "세상을 심판하시기 위해" 오신다. 여기서 '심판하다'라는 동사는 10절 전반부에 나오는 것과 다르며, 공정성의 측면에서 평가나 결정의 의미보다는 의와 신실함의 측면에서 통치와 다스림의 의미를 더 많이 내포하고 있다. 온 우주는 거짓과 부당함이 만연한 세상과 반대되는 진리와 공의로 가득한 하나님의 통치를 찬양한다(이 시편에 나오는 마지막 단어의 히브리어의 어원은 우리에게 확신을 주는 단어이다. 아멘!)

따라서 우리는 끊임없이 우리의 예배가 하나님 나라의 백성이 되도록 우리를 만들어가고 있는지 질문해야 한다. 예배가 끝나고 나서도 우리의 모습이 여전히 하나님의 통치의 비전으로 양육되고 있는가? 그리하여 세상에서 삼위 하나님의 의와 신실함의 중개자가 되고 있는가? 하나님의 목적에 맞는 중개자의 역할은 가난한 자들에게 먹을 것을 공급하고, 억울함을 당한 자의 편에 서는 것이며 거짓에 맞서서 진리로 사는 것이다.

지난 주 사순절 저녁 기도 모임에서, 목사님은 빌립보서 3장을 본문으로 설교를 하셨다. 그 설교에서 목사님은 우리가 과거를 중심으로 사는지(빌 3:13), 현재를 중심으로 사는지(3:19) 아니면 미래를 중심으로 사는지(3:12-14, 20-21)에 대해 물었다. 목사님의 질문을 통해서 내가 지금 다루는 주제가 얼마나 중요한지 새삼 깨닫게 되었다.

우리시대의 많은 이들이 과거의 문제에 매여 힘겨운 나날을 살아가고 있다. 과거는 불시에 찾아와 잊혀져가는 일들로 사람들을 죄책감과 후회의 나락에 빠뜨리곤 한다. 유년시절 가정에서 당한 성폭행, 도둑질, 거절감, 실패 등의 아픈 과거는 쉽사리 우리의 기억에서 사라지지 않는다. 어쩌면 우리 안에 잠재된 그러한 성향을 두려워할 수 있을지도 모르겠다.

우리시대에 또 다른 많은 이들은 현실에 사로잡혀 살아간다. 그들은 즉각적인 만족에 몰두하고 결과에 대해서 주의하지 않는다. 어쩌면 우리도 순간이라는 우상에 쫓겨 지금 당장이라는 늪에서 허우적거릴 때가 있을 것이다.

그러나 신앙인으로서 우리에게는 또 다른 선택이 있다. 우리는 예배를 통해서 새로운 세계관을 훈련받는다. 미래는 우리를 사로잡아 왜 현재를 살아야 하며 어떻게 이 현재라는 시간을 살 것인지를 깨닫도록 인도해준다. 이번 장에서는 예배와 삶의 종말론적인 상호연관성을 살펴볼 것이다. 종말론적인 삶이란 종말의 조명 아래서 사는 것을 의미한다. 종말이란 "시간의 끝" 혹은 "시간의 마지막"을 의미한다. 미래의 하나님 나라(많은 강림 속에서)가 어떻게 현재라는 시간을 뚫고 임하는가? 예배는 어떻게 그 미래가 현실을 살아가는 우리의 삶에 영향을 미치도록 돕는가? 어떻게 예배는 지속적으로 그리고 의식적으로 미래를 통해 우리의 개인적인 삶과 공동체적인 삶을 적응시켜나가는가?

먼저 내가 강조하고 싶은 것은 예배가 단지 천상에 관한 것이 아니며 기독교의 특징이 "물질의 선함을 부정하고 영적으로만 거룩해지는 것"을 추구하는 것이 아니라는 사실이다. 또한 나는 "사람이 죽으면 작별을 고하고 구름 속으로 들어가는" 일종의 단순한 개인적인 천국환원주의도 거부한다. 영원한 생명에 관한 사실은 신자들이 그 영생을 현재 소유한다는 것이다. 요한복음(요 3:16, 36)은 이에 대해서 "믿는 자는 영생이 있고(have)"처럼 항상 현재 시제를 사용한다. 하나님 나라는 예수의 성육신 사역으로 이미 도래했지만(막 1:15 참고),

아직 완성된 것은 아니다. 따라서 하나님의 백성은 "이미, 그러나 아직"이라는 종말론적 긴장 속에서 살아가야 한다.[23] 영원한 생명에 관한 사실은 신자들이 그 영생을 현재 소유한다는 것이다… [그러나] 아직 완성된 것은 아니다. 따라서 하나님의 백성은 "이미, 그러나 아직"이라는 종말론적 긴장 속에서 살아가야 한다.

> 영원한 생명에 관한 사실은 신자들이 그 영생을 현재 소유한다는 것이다… [그러나] 아직 완성된 것은 아니다. 따라서 하나님의 백성은 "이미, 그러나 아직"이라는 종말론적 긴장 속에서 살아가야 한다.

너무나 안타깝게도 이런 종말론적 삶은 자주 망각되곤 한다. 아마도 현대문화가 이런 초월적인 감각을 거부하기 때문인 것 같다. 그러나 교회의 예배는 이런 종말론적인 인식으로 상황을 바꿀 뿐만 아니라 우리의 예배 모습까지 바꾼다! 따라서 이번 마지막 장에서는 예배와 삶의 상호연관성에 나타나는 세 측면을 차례대로 숙고해 볼 것이다. 첫째, 왜 종말론적 지향이 예배와 삶에 필수적인가? 둘째, 어떻게 하면 좀 더 종말론적인 예배를 드릴 수 있는가? 셋째, 종말론적 예배가 어떻게 세상을 위해서 개인과 전체를 변화시킬 수 있을까?

## 왜 종말론적인 지향이 예배와 삶에 필수적인가

우리가 만일 종말론적 믿음을 망각한다면 우리는 참된 하나님을 향한 경외감을 상실할 수 있다! 하나님이 베푸신 은혜가 얼마나 완전한지 최종적인 승리를 이루신 그분의 능력이 얼마나 대단한지 더 이상 이해할 수 없게 된다. 설교는 선포가 아닌 상담으로 변질될 것이다. 예배는 하나님이 우리의 삶과 구원을 위해 이미 이루신 것에 대한 넘치는 감사 대신 자기개발(self-help)을 위한 돌파구로 전락할 것이다. 마찬가지로 우리가 만일 이 시대를 뚫고 들어온 하나님의 궁극적인 통치를 마음에 새기지 않는다면 부당한 세상의 문제들을 대할 때 우리를 통해 일하시는 하나님을 의지하지 않고 도리어 세상을 변화시키는 주체가 인간들이라고 착각할 수 있다.

종말론적 지향은 우리의 예배와 삶에 특별히 중요한 역할을 차지하는데 그 이유는 인간이 겪는 고통과 같은 문제를 해결하는데 있어 이러한 지향은 유익한 실마리를 제공하고 있기 때문이다. 미래에는 모든 슬픔이 영원히 사라질 것이라는 신자들의 이해가 종종 그들로 하여금 "기분 좋은 찬양"만 부르며 현실의 모든 어려움과 고통을 무시한 채 살아가도록 유도한다. 그러나 반대로 참된 종말론은 세상의 아픔에 대해 우리가 진실한 애도의 마음으로 솔직하게 대하도록 이끌어준다. 시편은 두 측면 -하나님의 통치 안에서의 확신과 슬픔과 혼란의 솔직한 표현- 의 긴장 위에서 쓰인 시들로 가득하다. 우리는 여호와께서 최종승리를 거둘 것이라는 지식과 이미 시작된 그분의 통치 안에서의 경험을 통해 모든 슬픔과 두려움을 마주하고 인정할 수 있는 자리로 나아간다. 통치자

예수님은 동일한 깨어짐에서 우리와 함께 사셨고 "그분 앞에 있는 기쁨을 위하여 십자가를 참으셨으며 부끄러움을 개의치 않으시고 하나님 보좌 우편에 앉으셨다"(히 12:2). 이런 변증법적인 조합을 기억함으로써 우리는 십자가와 부활의 주님 앞에 좀 더 신실해질 수 있으며, "이미와 아직"이라는 종말론의 두 가지 측면을 끊임없이 보여주는 성경에 신실해질 수 있고, 기독교 공동체의 삶의 방식과 깨지고 상한 세상의 현실 앞에서 모든 슬픔, 죄, 사망, 악에 대한 하나님의 최종 승리를 보다 더 신실하게 확신할 수 있다.[24]

추가적으로, 예배 안에서 발생하는 많은 대립의 문제들도 종말론적으로 예배를 깊이 고민함으로써 해결할 수 있다. 만약 우리의 예배가 우주의 통치자에게 드리는 예배라는 사실을 안다면, 만약 이 예배가 우리를 그 통치자의 백성으로 만들어 세상 한가운데 중개자로 세우기 위한 그분의 뜻이라는 사실을 기억한다면 우리는 더 이상 이 위대한 예배를 한낱 엔터테인먼트의 장으로 삼지 않을 것이다. 우리가 환호하는 것이 하나님의 통치라고 한다면 우리는 더 이상 "스타 목사"나 "개인숭배" 같은 현상은 찾을 수 없을 것이다. 또한 설교자와 찬양대원들은 하나님을 보여주기 위한 화술과 기교를 멈추고 투명하게 바로 서서 그리스도의 빛이 밝게 통과하게 하며 하나님의 말씀이 명확하고 선명하게 전달될 수 있도록 자기 자신들을 예물로써 하나님께 드릴 것이다.

예배를 통해 그리스도인으로서의 위치와 그리스도의 몸 된 연합체가 된다는 것이 무슨 뜻인지 깨달은 후, 우리는 종말론적인 사고를 통해 예배를 위한 찬양과 모든 순서를 편성하게 될 것이다. 저속한 예배 찬양은 사람들의 마음에 저속한 하나님을 심어 놓고 저속한 믿음을 키워낸다. 예배 형태는 신자들의 신앙과 공동체 전체의 모습에 막대한 영향을 미치기 때문에 예배 기획자들은 하나님 나라 백성에게 꼭 맞는 특별한 예배를 기획하기 위해 심혈을 기울여야 할 것이다.

만약 우리의 예배가 좀 더 종말론적으로 변한다면 모든 연령과 음악적 취향의 구분은 더 이상 허락하지 않을 것이다. 이렇게 질문해 보자. "천국예배의 참여자들은 누구일까?" "베이비부머세대"와 "엑스세대"도 언젠가는 함께 예배드리지 않을까? 모든 영광 가운데서 드려질 우리의 미래예배를 위해 지금부터 전 세대를 아우르는 찬양을 함께 부르는 게 맞지 않을까? 또한 우리가 함께 부르는 찬양은 연령을 초월한 우정, 다세대 그룹으로 구성된 선교와 예배, 진정한 가족으로 거듭난 기독교 공동체의 참된 회복 등 모든 상황과 모든 세대에 걸쳐 풍성한 위로를 줄 수 있지 않을까?

마지막으로, 종말론적 지향은 매우 중요하기에 우리는 예배의 실용성만을 쫓지 않는다. 주님의 오심을 찬양하는 예배를 이해할 때 우리는 이 예배가 목적하는 바가 무엇인지 깨닫는다. 어쩌면 우리는 그저 가만히 서서 하나님의 임재하심을 맞이하며 우리의 모든 삶과 운명을 쥐고 계신 하나님의 무한하심 안에서 누리는 법을 배울 수 있을지도 모른다. 우리의 미래가 하나님의 은혜 안에서 좌우된다는 것을 안다면 우리가 지상에서 드리는 예배가 실은 언제나 부적절할 수 있으며 하나님을 만족시킬 만한 요소가 없을 수 있다는 걸 기억해야 한다.

그러나 우리의 예배가 부적절할 수 있다는 이해가 예배를 포기하게 만들거나 "아무렇게나" 예배를 드려도 상관없다는 생각을 주지는 않을 것이다. 오히려 이러한 이해는 우리 안에 불을 밝혀주어 우리가 할 수 있는 최선의 것으로 하나님의 거대한 은혜에 열렬히 반응할 수 있도록 도와줄 것이다. 나아가 우리가 드릴 수 있는 최선의 방법으로 놀랍도록 자비로운 주님을 찬양하고 싶어질 것이다.

## ▎어떻게 하면 좀 더 종말론적인 예배를 드릴 수 있을까?

예배는 어떠한 반대되는 상황에 처해도 하나님께서 온 우주를 다스리고 계신다는 사실을 기억하게 해준다. 앞서 11장에서 살펴보았듯이 우리를 둘러싼 장소와 시간을 막론하고 인간의 기술적 조작에 의해 훼손되지 않는 모든 창조세계는 하나님께서 통치하신다는 증거의 모델로써 우리에게 주어졌다. 공적이며 공동체적인 예배 기획에서, 우리는 이제 어떻게 하면 "시와 찬미와 신령한 노래", 성경본문, 설교, 기도, 사도신경, 예식, 세례(침례)와 성찬 등을 통해 하나님 나라와 그분의 완벽한 신실하심 안에 있는 우리의 미래의 삶을 기억해낼 수 있는지를 생각해 보자.

고대 교회들의 기도문은 현대의 기도문들보다 훨씬 종말론적 지향성을 표현하고 있는 것으로 보인다. 예를 들어 역사적 기도문들은 많은 교파들 사이에서 여전히 다음과 같은 구절들로 거의 마무리되곤 한다. "우리 주 예수 그리스도 곧 당신의 유일하신 아들은 성령과 당신 안에서 한분 하나님으로 지금부터 영원까지 항상 살아계시며 통치하십니다." 이런 기도문 혹은 이와 비슷한 기도문들은 현시대에도 활용될 만한 가치가 있다. 이런 기도문들은 그리스도의 통치

(그의 삶과 죽음 그리고 부활과 승천 안에서 악을 물리쳤기 때문에)를 상기시켜 주는 좋은 도구로써 우리가 지금 막 기도로 간구했던 것의 이해를 포함한 모든 것을 변화시키시는 하나님의 현재성을 기억하게 해줄 것이다. 우리가 억울함을 호소할 때 만약 하나님의 위대한 미래와 현재의 중첩되는 도래를 똑똑히 기억한다면 우리의 간구하는 방법은 어떻게 변할까? 영원한 관점으로 그것들을 바라본다면 우리의 모든 염려가 좀 더 바른 방향을 잡지 않을까? 예들 들어 하나님의 통치가 태양과 비와 모든 곡식의 성장에 이미 제공된다는 사실과 우리는 그저 이미 완성된 기적의 전달자들이라는 사실을 분명히 기억한다면, 세상에 있는 배고픈 사람들을 위해 기도할 때 이러한 통찰은 우리에게 빈곤을 해결하기 위한 방법을 부지런히 찾도록 몰아가지 않을까? 그리고 그 일은 하나님께서 원래 창조세계에 계획하셨던 참된 정의를 회복하실 위대한 그날까지 지속되지 않을까? 우리가 세상의 평화를 위해서 기도할 때 그리스도께서 이미 십자가 위에서 하나님과 함께 세상의 모든 대립을 안고 인간의 모든 적대적 장벽을 허물어 버리셨다는 사실을 온전히 기억한다면 그리고 언젠가 주님의 통치의 정점에 이르러 모든 대립이 제거된다는 사실을 기억한다면, 우리는 보다 분발하여 자신들을 화해의 대사로 준비하려 들지 않을까?

　현대문화에서 미래에 관한 언어는 보통 비관적인 회의주의나 유토피아적인 낙관주의의 언어이다. 예배를 통해 대안적인 비전을 제공해주는 성경적인 언어를 발견하는 것이 매우 중요하다. 우리의 내적인 모습과 외적인 표현으로서 사용되는 예배에서의 언어와 몸짓을 둘 다 갖는다면, 만약 천국에 관한 우리의 언어가 현실적인 소망을 준다면, 우리는 죄악된 현실과 그 속에서 치열하게 사투를 벌이는 세상을 마주할 때 비관주의에 빠져 고개를 떨어뜨리지 않을 것이다. 다른 한편으로, 천국을 떠올릴 때도 그저 두 눈을 감고 하얀 솜사탕 구름을 떠올리며 낭만에 빠지지 않을 것이다. 왜냐하면 천국은 시간과 장소의 문제가 아니라 그리스도의 대속 사역으로 시공간을 초월하여 지금 현재 이미 임한 하나님의 임재에 관한 것이기 때문이다.

앞서 9장에서 소개했던 '상투스(Santus)'는 매우 종말론적인 찬송이다. 우리가 이 곡에 담겨있는 성경적 근거를 예배자들에게 가르치며, 어떻게 하나님의 통치가 미래와 현재 가운데 임하는지, 어떻게 온 우주가 우리와 합창을 하는지 설명할 때 그들은 종말론적 상상과 삶에 영양을 공급받게 된다. '상투스'가 지닌 중요성 즉 하나님의 영원한 왕권에 대한 비전이 얼마나 중요한지를 깨달은 많은 교회들과 현대의 음악가들은 다양한 종류의 상투스를 현대의 감각에 맞게 구성했다.

교회력의 다양한 절기들은 예배를 보다 더 종말론적으로 만들 수 있게 해준다. 그리스도의 오심을 준비하기 위해 전력하는 대강절 기간 전체는 우리의 삶 깊숙이 그의 다시 오심을 새기며, 하나님 나라의 정점 가운데 찬란한 영광의 빛으로 다시 오실 그분을 상기시켜 준다. 그리스도의 '변형 기념주일(Transfiguration Sunday, 주현절의 마지막 주일)'은 예수님의 신적 영광의 충만함을 본 세 제자들의 경험을 기억나게 해주고 사순절에 앞서 하나님 나라의 비전을 붙들 수 있게 해준다. 종려주일(Palm, Passion)은 예수께서 거룩한 주간에 펼쳐지는 각종 행사에 얽힌 긴장감속에서, 사람들로부터 왕으로 추앙받으며 예루살렘에 입성하실 때 경험했던 그 환영의 장면과 그리스도의 왕권이 이 세상에 속한 것이 아니라는 사실을 기억나게 해준다.

> 교회력의 다양한 절기들은 예배를 보다 더 종말론적으로 만들 수 있게 해준다.

11월 1일의 "만성절(All Saints Day)"은 이미 하나님의 임재 속에서 충만함을 입어 기뻐 외치고 있는 앞서간 성도들을 기억나게 해준다. '그리스도 왕 대축일(Christ the King Sunday)'은 교회력의 마지막에 위치한 축제로서 다른 모든 기념일들이 이날을 향하고 있으며 아마도 가장 특별한 종말론적 비전을 담은 날일 것이다. 이날은 하나님의 모든 약속들이 성취되어지고 그리스도께서 모든 만물을 다스리게 될 것이라는 사실을 기억나게 해준다. 이러한 모든 기념일들이 종말론의 극치를 담고 있지만, 종말에 대한 소망을 회복시켜주고 그 소망 안에서 매일의 삶을 살도록 촉구한다는 면에서 사실 모든 주일은 주님의 오심과 다스리심을 잠재적으로 풍성하게 찬양하고 있는 것이다.

많은 교파들이 전하듯 주의 만찬을 기억하고 기념하는 성찬의 의미는 "오는 축제를 맛보는 것"이다. 예수께서는 제자들에게 하나님의 나라가 충만히 임할 때까지 다시는 그들과 이 음식을 먹지 않으신다고 말했다(눅 22:14-20 참고). 이 내용을 근거로 한 인식은 교회에서 진행하는 성찬예식이 우리의 종말론적 신앙을 제대로 반응하도록 도와주는지 질문하게 만든다. 당신의 예배에는 얼마나 자주 천국의 잔치를 기대하게 만드는 성만찬을 맛보게 하고 있는가? 나아가 이 성만찬이 기독교 정체성에 있어서 중요한 핵심이 된다는 사실을 당신은 정말로 알고 있는가?

우리의 예배와 공동체적인 삶에 있어서 세례(침례)가 위치하고 있는 지점에 대해서도 질문해 보자. 우리는 수세자(침례자)가 세례(침례)를 통해 하나님의 영원한 통치 속에서 새롭게 태어나 수세자(침례자)로서 그분이 통치하시는 삶을 시작한다는 사실을 강조하고 있는가? 우리는 수세자(침례자)들에게 하나님 나라의 공동체적 참여 속에 들어온 것을 축하한다고 환영하는가? 우리는 공동체로서 우리 모두가 수세자(침례자)들을 종말론적 삶의 방식을 갖도록 성장시키시고 변화시키시는 하나님의 사역의 중개자가 되어야 한다는 사실을 인지하고 있는가?

## ▮종말론적 예배가 어떻게 세상을 위해서 개인과 전체를 변화시킬 수 있을까?

교회의 예배와 노래 그리고 예배 때 이루어지는 다른 모든 요소들을 통해 좀 더 나은 종말론적 감각을 제공하는 것은 매우 중요하다. 그 이유는 60년대에 조성되어 지금까지 만연하게 퍼져있는 정부 제도에 대한 일반적인 불신의 문화 속에서 많은 이들이 소망 있는 미래를 애타게 찾고 있기 때문이다. 그러나 그들은 자신들의 영적인 갈증을 해소해 줄 수 있는 교회로 돌아오지 않는다. 우리의 복음전도와 증인으로서의 매일의 삶이 각별히 중요한 이유가 바로 여기에 있다. 만약 우리가 예배를 통해 하나님의 미래 통치가 현재 실현된다는 사실을 철저히 깨달을 수만 있다면 우리는 보다 능력 있고 은혜롭게 이웃에게 복된 소식을 전할 수 있을 것이다.

　만약 예배가 우리에게 하나님의 현재와 미래의 통치로부터 생성된 삶을 형성해 준다면 신자로서의 우리들의 모습은 확연히 달라질 것이다. 예를 들어 수동적으로 조종당하는 것을 거부하는 우리사회의 문화와는 대조적으로 우리는 의존적으로 변할 것이다. 성공하기 위해 경쟁하는 대신 개인적으로나 교회적으로 우리는 모두 겸손해질 것이다. 종말론적 예배는 우리를 실수와 잘못 앞에서 뉘우치는 자가 되도록 하고, 또한 하나님의 자비로운 용서를 기쁨으로 만끽하며 주님의 인도하심을 간절히 간구하는 자가 되도록 양육할 것이다. 우리는 자신들이 무가치하다는 사실(하나님만이 유일한 통치자이시기 때문에)을 깨닫고 소스라치지만 동시에 하나님의 목적을 위해 우리들이 얼마나 중요한 존재라는 사실을 알면 알수록 놀랄 것이다. 또한 우리는 헤아릴 수 없이 완벽한 하나님의 주권과 우리를 향한 하나님의 친밀한 사랑을 인식하게 될 것이다.

　만약 우리의 예배가 어디를 가든지 하나님 나라를 운반한다는 종말론적인 감각으로 충만해 있다면 그들의 증거가 어떻게 변할지를 생각해 보라. 예배를 마치고 성령의 능력으로 채워진 교회로서 한 주를 살아간다는 사실을 우리 교회의 모든 성도들이 알고 있는가? 우리는 "교회를 가는 게" 아니라 우리가 교회라는 사실을 기억하라. 미래의 완성에 대하여 우리 개개인과 모든 교회들이 주님이 약속하신 모든 종말론적 비전 가운데 나타난 하나님의 임재를 가져온다는 심오한 감각을 갖는다면 우리는 얼마나 강력한 영향력을 우리를 둘러싼 사회에 미칠 수 있을까? 만약 그것을 기억한다면 우리는 어떠한 마음가짐으로 일터를 향하여 나갈까? 매일 반복되는 일상을 대하는 태도와 이웃을 향한 언어는 어떻게 달라질까? 종말론적 감각이 우리 삶의 모든 것을 변화시키지 않을까?

> 만약 우리의 예배가 어디를 가든지 하나님 나라를 운반한다는 종말론적인 감각으로 충만해 있다면 그 들의 증거가 어떻게 변할지를 생각해 보라.

하나님께서 통치하시는 빛 가운데서의 삶은 우리에게 용기와 지혜 그리고 성령의 권능을 주어 우리의 이웃을 더욱 사랑하도록 이끌어 줄 것이다. 우리는 고통 받는 그들을 위해 더욱 준비될 것이다. 종말론적으로 탄생한 예배는 세상의 고통을 외면하지 않고 마주 대하도록 우리를 정비시켜 줄 것이다. 최종적인 하나의 통치 속에서 모든 눈물과 고통은 사라질 것을 잘 알기에 우리는 지금 하나님의 회복 사역에 동참할 수 있다.

마찬가지로 종말론적 지향은 그리스도께서 이미 죄와 악의 세력을 굴복시켰다는 사실을 일깨워주므로 이 죄와 악의 세력 앞에서 자유롭게 맞설 수 있도록 우리를 이끌어준다. 게다가 이 예배는 우리가 하나님의 용서에 의해 자유로워졌다는 사실을 끊임없이 상기시켜주고 죄를 거부할 수 있는 은혜를 공급해 주며 악에 맞서고 압제를 폭로하며 타인을 위해 받는 고난을 견디는 자리로 우리를 이끌어준다. 하나님 나라의 현재적 참여는 세상의 부당한 권력 앞에서 실질적으로 대응할 수 있도록 우리를 이끌어 주는데, 그것은 그리스도께서 이미 대적들을 무찌르셨고 하나님께서 그분의 나라의 정점에 이르면 모든 대적들을 영원히 멸하실 것에 대한 분명한 믿음이 있기 때문이다.

> 종말론적 지향은 그리스도께서 이미 죄와 악의 세력을 굴복시켰다는 사실을 일깨워주므로 이 죄와 악의 세력 앞에서 자유롭게 맞설 수 있도록 우리를 이끌어준다.

우리는 참된 소망에 굶주린 문화에 살고 있다. 많은 사람들은 감각을 상실한 채 살아간다. 국가들의 무력주의에 긴장하며 물질주의에 압도되고 변화무쌍한 테크놀로지에 넋을 잃고 대인관계에 모든 것을 걸며 산다. 삶은 마치 소망이 없어 보인다.

예배는 달콤한 사탕발림을 하거나 피상적이지 않으며 거짓된 확신과 감정을 조종하지 않는다. 참된 예배는 현실도피를 위한 엔터테인먼트도 아니고 또 다른 소비주의의 일탈현상도 아니며 오히려 언제나 복음의 진정한 소망을 제공해 주는데, 그것은 모든 영광 가운데 죄와 악과 더 큰 진리에 관한 것이며, 십자가에 관한 것이며, 그리스도께서 빈 무덤을 통해 모든 부당함과 상함과 죽음을 극복하신 사실에 관한 것이다. 예배는 하나님의 우주적 임재 안에서 소망을 찾는 자들을 감싸 안으며 세상을 향한 하나님의 주권적 목적의 사역에 동참하도록 우리를 도전한다. 마지막으로, 하나님의 다스림에 대한 예배축제는 이 세상에서 겪는 고통 가운데서 하나님 나라의 정점을 기다리며 참고 인내하도록 우리를 단련시켜 줄 것이다. 이 모든 것들이 우리 이웃에게 나누고 전해야 하는 참으로 좋은 소식이다. 우리의 목표는 세상이 우리와 함께 하나님을 예배하는 것이다.

마지막으로, 우리가 주님이 오시는 것을 기다리는 것만큼 우리는 어떤 사람이 되어 있어야 하는가? 하나님께서 의와 진리로 세상을 심판하러 오시기에 우리의 예배는 의와 진리의 공동체로서 우리를 형성할 수 있도록 준비되어야 한다. 우리가 만일 진정으로 하늘과 땅의 주님을 예배한다면 우리의 공동체는 주님의 형상처럼 변할 것이다. 그 형상은 거짓의 문화 속에서 진실을 말하는 것이고 압제와 불공평이 난무하는 세상에서 정의를 위해 일하는 것이며 빈부의 격차가 점점 벌어져갈 때 가난한 자들을 돌보는 것이고 우리 사회의 거짓을 거부하며 투명함과 정직 속에서 사는 것이다. 간단하게 말하자면, 참된 예배는 우리를 하나님 나라의 백성으로 살아가도록 만들어줄 것이다. 그리고 교회의 이웃들에 의해 목격된 예배자의 삶은 믿음을 보증해 줄 것이다.

함께 기도합시다.

> 삼위일체이신 하나님, 우리의 예배가 언제나 주님을 향하게 하옵소서. 주님의 말씀을 어떻게 배워야 하는지 가르쳐 주시고, 어떻게 예배하는 것이 최선인지 시공간을 통해 주님의 교회로부터 알게 하옵소서. 우리 각자를 인도하시고 우리 모두가 하나님의 교회로서 더 어떻게 더 신실해야 하는지 질문을 가지고 씨름할 때 우리를 도와주시옵소서, 예배를 통해 주님의 임재를 경험하게 하시고 종말론적인 지혜로 우리를 단장시켜 주시옵소서. 우리가 세상 속에서 개인적으로나 공동체적으로 주님의 통치의 복된 소식을 전파하게 하옵소서. 우리가 담대히 기도할 수

있는 것은 온 역사를 통하여 주님께서는 항상 약속에 신실하셨기 때문입니다. 우리는 주님의 모든 목적이 완전히 이루어질 것을 확신합니다. 우리를 사용하사 이 세상을 의와 진리로 다스리시는 주님의 대사로 삼아 주시옵소서. 우리의 예배를 완전케 하실 주님의 오심을 간절히 기다립니다. 모든 것을 다스리시는 주님, 아버지 되시며 거룩하신 성령님이시며 유일하신 하나님께서 지금부터 영원토록 다스리심을 믿습니다. 예수님의 이름으로 기도합니다. 아멘.

예배에 대한
중요한 핵심
12가지 질문 **?**

How Shall We Worship?

## 토의할 질문들

### 서론

1. 우리 교회의 예배는 우리를 구름(헤셸의 시 참조)과 같이 되게 하여 하나님의 영광을 위해 죽을 준비를 갖추도록 해 주는가? 어떻게 그렇게 해 주는가?
2. 우리 교회의 예배는 우리가 이웃들에게 증인이 될 수 있도록 준비시켜 주는가? 어떤 면에서 그러한가?
3. 우리 교회의 예배는 세상을 섬기고 그 필요를 충족시키려는 우리의 열망을 더욱 깊게 해 주는가?
4. 우리 교회에서는 예배에 대해 어떤 종류의 싸움들이 일어나는가? 그 이유는 무엇인가?
5. 이 책을 더 읽기 전, 우리 교회의 예배에 대해서 우리는 어떤 종류의 더 깊이 있는 질문들을 해야 한다고 생각하는가?

### 1장

1. "전통적인"것과 "현대적인"이라는 단어들을 사용하는 장점이 무엇인가? 단점은 무엇인가? 우리는 어떤 의미로 이 단어들을 사용하는가?
2. 구약을 "첫 번째 언약"이라고 불러서 이로운 점은 어떤 것들이 있는가? 앞의 문장은 우리로 하여금 하나님의 성품이 두 가지 언약 –구약과 신약- 사이에서 변하지 않는다는 것을 알도록 어떻게 도움이 되는가?
3. 성경에 나오는 초기 기독교 찬송가들의 주제는 무엇인가? 오늘날 부르는 어

떤 찬송이나 노래들이 같은 주제를 갖고 있는가?
4. "변증법적 긴장"이라는 구절이 의미하는 것은 무엇인가? 한 쪽을 지나치게 강조하지 않으면서, 둘 다 매우 중요하지만 서로 대립되는 것 같은 두 가지의 진실들을 우리는 어떻게 유지할 수 있는가?
5. 우리 교회는 영과 진리라는 두 가지 필요들 중 한 가지를 지나치게 강조하는가? 우리는 어떻게 이러한 변증법적 한 쌍의 중심을 더 잘 잡을 수 있을까?
6. 우리 교회의 음악은 모든 시간과 공간 속에서 교회 전체가 하나가 되는 감각을 우리에게 선사해 주는가? 그렇지 않다면, 그러한 감각을 더 깊게 하기 위해 우리는 무엇을 할 수 있는가?
7. 믿음이 우리가 말하고 그 안에서 살아가는 언어라고 할 때, 우리는 그것을 어떻게 배우는가? 예배는 우리의 믿음의 언어를 형성시키는 데 어떤 도움을 주는가?

## 2장

1. "주님"이라는 이름이 왜 그렇게 중요한가?
2. 우리가 예배하고 싶은 기분이 들지 않을 때에도 진실하게 예배하는 것이 가능한가? 어떻게 가능한가, 아니면 왜 불가능한가?
3. 우리의 교회들은 예배가 하나님을 위한 것이지 우리를 위한 것이 아니라는 점을 기억하도록 어떻게 도움을 주는가? 우리는 우리의 삶 속에서 어떻게 그것을 더 깊게 기억할 수 있을까?
4. 예배가 하나님을 위한 것임을 우리가 기억한다면, 우리가 언제 어떻게 예배

를 드릴지에 대해 어떠한 차이점이 생겨날까?

5. 어떠한 요인들 때문에 교회는 예배가 하나님을 위한 것임을 잊어버릴까?

## 3장

1. "하나님의 이름을 송축한다"는 것은 무슨 의미인가? 우리의 일상생활에서 이 구절은 어떠한 의미를 가지는가?
2. 우리 교회는 교회력을 따르는가? 왜 그런가, 아니면 왜 그렇지 않은가?
3. 교회력을 따를 때 장점은 무엇인가? 단점은 무엇인가?
4. 교회력의 계절들을 강조하기 위해 교회에서 사용할 수 있는 시각 예술의 예로는 어떤 것들이 있는가?
5. 교회력의 계절에 따라, 그리고 우리가 초점을 맞추고 있는 하나님의 성품의 측면들에 따라 어떻게 음악이 달라질 수 있을까?

## 4장

1. 예배와 복음전도의 차이가 무엇인가? 왜 그것이 중요한가? 그렇다면 예배와 복음전도의 관계는 무엇인가?
2. 교회들은 어떻게 예배와 복음전도를 혼동해 왔는가? 그 결과에는 어떤 것들이 있었나?
3. 우리의 문화적 환경에 있어서 파괴적인 요소들은 어떤 것들인가? 우리 환경의 어떤 요소들이 기독교를 지지하는가?
4. 사도행전 2:42-47에서 교회의 일곱 가지 표적은 무엇인가? 우리 교회는 이

모든 특징들을 가지고 있는가? 우리는 초대 기독교인들의 삶과 더 닮아가도록 우리 육신의 삶을 어떻게 발전시킬 수 있는가?

5. "교회에 간다"라는 구절 이외에, 우리가 말하고 살아가는 잘못된 신학의 예들은 무엇인가? 우리의 언어와 행동을 어떻게 더 조심할 수 있을까?

## 5장

1. 물질 만능주의는 우리 교회에서 문제가 되는가? 왜 그런가? 그 결과에는 어떤 것들이 있는가?
2. 우리 교회를 특징짓는 다른 우상들은 무엇인가? 나는 어떤 우상들과 싸우고 있는가?
3. 왜 "주님을 두려워하는 것"이 중요한가? 두려움과 사랑의 변증법 중 어떤 측면을 우리 교회는 강조하며, 우리는 두 가지의 균형을 잘 유지하고 있는가?
4. 기록된 것들 이외에 어떠한 변증법적 한 쌍들이 기독교적 신앙과 삶 속에서 균형 잡혀야 하는가? 그것들의 균형을 더 잘 유지하기 위해서는 무엇이 우리에게 도움이 될까?
5. 우상과의 싸움에 있어서 삼위일체를 강하게 믿는 것은 왜 중요한가?

## 6장

1. 가사와 음이 서로 조화롭지 않은 노래의 예를 들어 보자. 그 노래의 의미와 형태가 더 잘 조화를 이루게 하려면 우리는 무엇을 바꿀 수 있을까?
2. 우리 교회는 구성원들의 창조적인 재능들을 효과적으로 발휘하게 해 주는가?

어떤 측면에서 우리는 사람들의 예술적 재능을 더 많이 활용할 수 있을까?
3. 우리 기술 사회의 "빨리 고치는" 성향이 어떻게 우리 교회와 예배에 침투하고 있는가?
4. 우리 교회에서 우리는 기술을 잘 사용하는가? 어떤 면에서 그렇고 어떤 면에서 그렇지 않은가?
5. 사람들은 예배가 어떠한 "상품들"을 제공해 주기를 원하는가? 우리는 사람들이 그 대신 어떻게 "예배 활동에 참여"하도록 할 수 있을까?

## 7장

1. 우리가 잘 사용하지 않는 하나님의 성경적 이름들은 어떤 것들인가? 그것들에 대해 생각하면 어떻게 하나님의 속성들에 대해 더욱 감사하게 될 수 있을까?
2. 예배는 왜 상황화이면서도 고전적이어야 하나? 이 변증법적 한 쌍의 한 쪽을 지나치게 강조하는 데 따르는 위험성은 무엇인가?
3. 교회가 예배를 지나치게 자유롭게 만들었을 때의 위험성은 무엇인가? 예배의식 순서와 즉흥성 사이의 균형을 우리는 어떻게 잘 유지할 수 있는가?
4. 하나님과의 친밀함만을 강조하거나 하나님에 대한 경외함만을 강조하는 것은 왜 문제가 될 수 있는가? 이 변증법의 균형을 우리는 어떻게 더 잘 발전시킬 수 있는가?
5. 왜 인간의 마음은 의례를 필요로 하는가? 어떻게 하면 우리는 교회의 의례가 공허한 의식주의가 되지 않게 할 수 있는가?

6. 우리 교회는 어떤 종류의 타악기를 사용하는가? 그것은 우리가 노래하는 가사들과 어울리는가? 그것은 회중의 참여에 도움이 되는가, 해로운가? 우리의 타악기는 진실한 예배에 어떻게 더 도움이 될 수 있을까?
7. 우리는 예배에 어떤 악기들을 사용하는가? 왜 그런가? 어떤 다른 가능성들을 검토해볼 수 있을까?

## 8장

1. 초대 교회 예배의 가장 중요한 요소는 무엇이었나? 왜 그런가? 우리 교회에서는 무엇이 중요한 요소인가? 우리는 그것을 바꿔야 하는가? 왜 그런가, 또는 왜 그렇지 않은가? 우리는 어떻게 변화를 가져올 수 있나?
2. 고대 교회의식의 어떤 요소들을 우리 교회는 예배에 활용하는가? 왜 그것들이 우리에게 중요한가?
3. 고대 교회의식의 어떤 요소들을 우리 교회는 예배에서 생략하는가? 왜 그것들은 우리에게 중요하지 않은가?
4. 우리 교회의 "예배의식"에는 무엇이 있는가? 이 장의 말미에 기록된 세 가지 궤적들 중 어떤 것을 우리는 주로 따랐는가? 바꾸고 싶은 것이 있나? 왜 그런가?
5. 교회 역사에 대한 지식은 우리가 예배에 대한 갈등을 다루는 데 어떻게 도움이 되는가?

## 9장

1. 예배의 모든 측면을 우리의 제물로 생각한다면, 우리의 예배는 어떻게 달라질 수 있을까? 모든 것이 제물이라는 것을 기억하면 우리의 일상생활은 어떻게 달라질까?

2. 기독교가 더 이상 북미 지역에서 지배적인 문화가 아니라는 점은, 교회의 강점과 성격에 어떠한 변화를 가져왔는가?

3. 교회는 우리의 예배에 있어서 어떻게 우리에게 "구름같이 많은 증인들"이라는 느낌을 선사하는가? 모든 시간과 공간 속에서 교회라는 느낌은 어떻게 우리의 일상생활에 영향을 미치는가?

4. 우리는 "잘 차려 입고" 예배를 드려야 하는가? 왜 그런가, 또는 왜 그렇지 않은가?

5. 왜 우리는 하나님 앞에서 "떨어야" 하는가? 이는 우리의 예배에 어떠한 영향을 미치는가? 우리의 일상생활에는 어떤가?

## 10장

1. 우리가 2001년 9월 11일(9.11 테러)과 같은 비극들을 경험한다면, 하나님의 주권은 어떤 의미를 가지는가? "주님이 다스리신다"는 것은 위기의 상황에서 어떤 의미를 가지는가?

2. 예배는 어떻게 "세상을 다시 묘사"하는가? 그것은 우리의 일상생활에 어떤 영향을 미치는가?

3. 우리 교회는 성경을 예배에 어떻게 사용하는가? 우리가 성경을 사용함으로

써, 개인으로서 그리고 공동체로서 우리의 성품이 어떻게 형성되는가? 우리가 바꿀 수 있는 것들이 있는가?

4. 우리 예배 공간에는 어떤 기독교적 상징들이 있는가? 그것들은 내가 예배하는 데 어떤 도움이 되는가? 그것들은 어떻게 우리의 삶을 형성하는가? 우리는 더 많은 상징들이 필요한가? 더 적게 필요한가? 왜 그런가?

5. 우리 교회의 예배에 대해 우리가 물어 보아야 할 주요 질문들은 어떤 것인가? 왜 그것들은 중요한가?

## 11장

1. 창조에 대한 찬양들 중에서 좋아하는 예를 든다면 어떤 것이 있겠는가? 어떻게 이 예들은 우리 자신들로 하여금 찬양을 더 많이 하게 해 주는가?

2. 주님이 오신다는 것은 왜 창조에 대한 찬양을 불러일으키는가?

3. 우리 교회는 공동체적 삶을 튼튼하게 영위하고 있는가? 왜 그런가, 아니면 왜 그렇지 않은가? 어떻게 우리가 우리 교회의 공동체적 삶을 더 강화시킬 수 있는가?

4. 하나님의 삼위일체성은 왜 우리 교회의 공동체적 삶에 중요한가?

5. "은사주의적(charismacracy)"이란 무엇인가? 우리의 회중은 은사주의적으로서 기능하는가? 어떻게 삼위일체에 대한 더 깊은 감정이 우리로 하여금 더욱 은사주의적이 될 수 있도록 해 줄 수 있는가?

## 12장

1. 주님은 어떤 방식으로 오시는가?
2. 우리가 현재 영생을 소유하고 있다는 느낌은 우리의 일상생활에 어떠한 영향을 미치는가?
3. 하나님의 나라를 확장시키는 데 우리가 관여할 수 있는 현실적인 방식들로는 무엇이 있는가?
4. 종말론적인 지향성은 어떻게 우리가 고난을 "인내할" 수 있게 도와주는가? 인내의 성경적 의미는 무엇인가?
5. "경외로 가득 차다"는 단어를 들으면 어떤 생각이 나는가?
6. 우리 교회의 예배는 종말론적인 지향성이 강한 편인가? 우리는 "이미"에 집중하는가, 아니면 "아직"에 집중하는가? 우리가 "이미 그러나 아직"의 좋은 균형을 이룰 수 있으려면 무엇이 도움이 될까? 그것은 어떻게 우리의 일상생활에 영향을 미치는가?
7. 종말론적인 것은 우리가 우리 이웃들을 더 깊이 사랑하는 데 어떤 도움이 되는가?

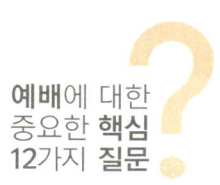

How Shall We Worship?

## 미주

1. 아브라함 조슈아 헤셸(Abraham Joshua Heschel), *Man's Quest for God*(1954: reprint, Santa Fe, N. Mex.: Aurora Press, 1998), 5.
2. 나는 이 책 전반에 걸쳐 대문자로 시작하는 '교회(Church)'라는 단어를 사용할 텐데 이는 그리스도께서 그분의 몸이 되실 것이라는 개념을 나타내기 위함이다. 그리고 실제 교회들, 믿음에 충실하고자 힘쓰는 이들, 그리고 어느 정도 '교회(Church)'가 의미하는 바를 실천하고 있는 이들을 나타낼 때는 소문자로 시작하는 교회(church) 혹은 교회들(churches)이라고 표기하겠다.
3. 로버트 웨버(Robert E Webber)의 저서, "복음주의 회복- 내일을 위한 어제의 신앙*(Ancient-Future Faith: Rethinking Evangelicalism for a Postmodern World)*"(Grand Rapids, Mich.: Baker, 1999)을 참고하라.
4. 마르바 던의 책 "거룩한 낭비, 예배*(A Royal "Waste" of time: The Splendor of Worshiping God and Being Church for the World)*" 중 특별히 26장과 "Worship is Not a Matter of Taste,"의 26장을 참고하라. and chapter 26, "Criteria by Which to Plan," in Marva J Dawn, (Grand Rapids, Mich.: Eerdmans, 1999).
5. 크리스토퍼 라쉬(Christopher Lasch)의 책 "*The Culture of Narcissism: American Life in an Age of Diminishing Expectations*(New York: Norton, 1978)"을 참고하라.
6. 예를 들면 로버트 웨버의 책 "*The Service of the Christian Year, vol 5, The*

*Complete Library of Christian Worship*(Nashville, Tenn.: Star Song Publishing, 1994)"를 참고하라.

7. 특정 단어를 대문자로 표기하는 것은 나의 관행인데, 기독교인의 삶에서 그것들이 하나님께로부터 온 선물이자 그분과 우리의 관계를 보여주는 특별한 의미를 나타내기 위함이다. 본 책에서 '기쁨(Joy)'이라는 단어를 대문자로 시작할 때는 하나님으로부터 오는 구별된 '기쁨(Joy)'을 인간의 단순한, 그리고 사라질 행복감과 구별하기 위함이다. 특별히 예배에 관해 논하는 것은 중요한데, 많은 교회들이 예배에 참석하는 사람들에게 예배의 흥분과 감정적인 "황홀"을 주기 위해 애쓰는데 이것은 사라지며 심지어 슬픔과 고통의 시간들이 인간적인 행복감까지 앗아가기 때문이다.

8. 더글라스 존 홀(Douglas John Hall)은 1996년 '복음과 문화 네트워크(Gospel and Our Culture Network)' 컨퍼런스의 총회 연설에서 이 구절을 인용했다. 그의 발표 "변형: 기독교국에서 디아스포라로(Metamorphosis: From Christendom to Diaspora)"는 확실한 증인- 변화하는 세계: 북미 복음의 재발견*(Confident Witness- Changing World: Rediscovering the Gospel in North America)*에서 찾아볼 수 있다. ed. Craig Van Gelder(Grand Rapids, Mich: Eerdmans, 1999), 67-89.

9. 조지 헌스버거(George R. Hunsberger)와 크래그 반 겔더(Craig Van Gelder)의 책 *"The Church Between Gospel and Culture: The Emerging Mission in North America,"*(Grand Rapids, Mich: Eerdmans, 1999)중 333-346p의 'Sizing Up the Shape of the Church'를 참고하라.

10. 본 언어는 알버트 보그만(Albert Borgmann)의 기술과 현대생활의 특성: 철학적 질문*(Technology and the Character of Contemporary Life: A Philosophical Inquiry)*에서 인용한 것이다(Chicago: University of Chicago Press, 1984), 특별히 마르바 던의 책 "For an explanation of the 'device paradigm'"의 196-209페이지를 참고하라. 마르바 던의 책 *"Unfettered Hope: A Call to Faithful Living in an Affluent Society*(Louisville: Westminster John Knox Press, 2003)"을 참고하라.

11. 토니 존스(Tony Jones)의 책 *"Books and Culture*(September/October 1999)" 중 'Liberated by Reality' 27페이지를 참고하라.

12. 켄다 크리시 딘(Kenda Creasy Dean)과 론 포스터(Ron Forster)의 책 *"The Godbearing Life: the Art of Soul Tender for Youth Ministry*(Nashville: Upper Room Books, 1998)"을 참고하라.

13. 본 예시는 피터 와그너(C. Peter Wagner)의 교회의 지각변동: 어떻게 신사도 개혁운동이 교회를 깨우고 있는가*(Churchquake!: How the New Apostolic Reformation Is Shaking Up the Church as We Know It)*에서 인용한 것이다.(Ventura, Calif.: Regal Books, 1999), 155-182.

14. C. S. 루이스(Lewis) *Letters to Malcolm: Chiefly on Prayer*(New York: Harcourt, Brace & World, 1964), 4.

15. 러셀 미트만(Russell F. Mitman)은 "성경 틀에서의 예배(*Worship in the Shape of Scripture)*"에서 어떻게 이 4중 구조가 성경에서 유래했으며 어떻게 주요 교파를 따르는지 보여준다(Cleveland, Ohio: Pilgrim Press, 2001).

16. *Lutheran Book of Worship*(Minneapolis: Augsburg Publishing, 1978), 56.

17. 특별히 C. 웰턴 개디(C. Welton Gaddy)의 책, "*The Gift of Worship* (Nashville, Tenn.: Broadman and Holman, 1992)"을 참고하라.

18. This version is taken from *The Book of Common Player*, used in the Episcopal Church and published by the Seabury Press, 1979, p. 362.

19. 자녀들이 예배를 사모하도록 양육하는 훌륭한 가이드로는 로비 캐슬맨(Robbie Castleman)의 교회의자(Pew)에서의 양육: 당신의 자녀를 예배의 기쁨으로 인도하기(*Parenting in the Pew: Guiding Your Children into the Joy of Worship*)가 있다, rev. ed.(Downers Grove, Ill.: InterVarsity Press, 2002).

20. 안식일을 지키는 선물에 대한 논의는, see Marva J. Dawn, *Keeping, Ceasing, Resting, Embracing, Feasting*(Grand Rapids, Mich.: Eerdmans, 1989).

21. '기독교인(Christian)' 자녀를 양육하기 위해, 이 균형에 대한 내 관심은 잘못된 원인인가? 교회의 어린이들을 위해 하나님의 마음 갖기(Is It a Lost Cause? Having the Heart of God for the Church's Children)를 쓴 이유와 같다 (Grand Rapids, Mich.: Eerdmans, 1997).

22. 깊은 공동체를 육성하는 것에 대한 성경적 주석과 토론 주제는, see Marva J. Dawn, *Truly the Community: Romans 12 and How to Be the Church*(Grand Rapids, Mich.: Eerdmans, 1992; reissued 1997).

23. 기타 거짓 종말론들에 대해 이곳에서는 다뤄지지 않으나, 마르바 던의 책 "거룩한 낭비, 예배(*A Royal "Waste" of Time: The Splendor of Worshiping God and Being Church for the World*(Grand Rapids, Mich.: Eerdmans, 1999)" 제 31장 "미래를 기억하며 던지는 새로운, 그리고 낡은 질문(Asking New and Old Questions as We Remember the Future)"에서 보다 구체적으로 다뤄진다."

24. 어떻게 종말론이 우리가 고통을 대하는 일에 도움이 되는지 보다 자세한 설명은, 마르바 던의 책 "약할 때 기뻐하라(*Joy in our Weakness: A Gift of Hope from the Book of Revelation*)"(Grand Rapids, Mich.: Eerdmans, 2002)"을 참고하라.

## 참고도서

Dawn, Marva J. *Reaching Out without Dumbing Down: A Theology of Worship for Worship for This Urgent Time.* Grand Rapids, Mich.: Eerdmans, 1995.

_____. *A Royal "Waste" of Time: The Splendor of Worshiping God and Being Church for the World.* Grand Rapids, Mich.: Eerdmans, 1999.

_____. *Truly the Community: Romans 12 and How to Be the Church.* Grand Rapids, Mich.: Eerdmans, 1997(reissued).

Horton, Michael. *A Better Way: Rediscovering the Drama of God-Centered Worship.* Grand Rapids, Mich.: Baker, 2002.

Hustad, Donald P. *True Worship: Reclaiming the Wonder & Majesty.* Wheaton, Ill.: Harold Shaw, 1998.

Kelderman, Duane, et al. *Authentic Worship in a Changing Culture.* Grand Rapids, Mich.: CRC Publications, 1997.

Kenneson, Philip D. and James L. Street. *Selling Out the Church: The Dangers of Church Marketing.* Nashville: Abingdon, 1997.

Lathrop, Gorden W. *Holy Things: A Liturgical Theology.* Minneapolis: Augsburg, 1993.

Long, Thomas G. *Beyond the Worship Wars: Building Vital and Faithful Worship.* Bethesda, Md.: Alban Institute, 2001.

Mitman, Russell E. *Worship in the Shape of Scripture.* Cleveland: Pilgrim, 2001.

Saliers, Don E. *Worship Come to its Senses.* Nashville: Abingdon, 1996.

Stewart, Sonja M. and Jerome W. Berryman. *Young Children and Worship.* Louisville: John Knox, 1989.

Torrance, James B. *Worship, Community, and the Truine God of Grace.* Downers Grove, Ill.: InterVarsity, 1996.

Webber, Robert, de. *The Complete Library of Christian Worship.* Nashville, Tenn.: Star Song, 1994. The seven volumes are *The Biblical Foundations of Christian Worship, Twenty Centuries of Christian Worship, The Renewal od Sunday Worship,(vol. 4 in two books) Music and the Arts in Christian Worship, The Services of the Christian Year, The Sacred Actions of Christian Worship, and The Ministries of Christian Worship.*

Wilson-Dickson, Andrea. *The Story of Christian Music: From Gregorian Chant to Black Gospel.* Minneapolis: Augsburg, 1996.